W0470039

Finement Con

Laurent Ruquier

Finement Con

Flammarion

© Flammarion, 2021.
ISBN : 978-2-0802-5605-8

Avant-propos

La dernière fois que j'ai eu le plaisir de faire publier quelques trouvailles drolatiques annuelles, c'était en 2012-2103, au début du mandat de celui qu'on appelait lui-même M. « Petites Blagues ». Les années suivantes, François Hollande s'est avéré moins drôle que prévu et nous a même joué le gag de l'arroseur arrosé puisque c'est Emmanuel Macron qui lui a fait c'te bonne blague de lui subtiliser le mandat présidentiel suivant. Personnellement et de manière plus inattendue, je me suis même amicalement lié avec celle qui est bien la seule à avoir eu envie de lui dire et même de lui écrire « merci pour ce moment ».

Si, depuis, je n'ai pas commis d'autres recueils de bons mots ou brèves humoristiques – en 2014, j'ai publié *Radiographie*, mais comme son titre l'indique c'était à la fois une autobiographie et une déclaration d'amour à l'outil radiophonique –, c'est d'abord parce que j'estimais avoir abusé de l'exercice en ayant accepté une bonne quinzaine d'ouvrages du même genre depuis la sortie de *Rien à Cirer* en 1992 chez Calmann-Lévy et aussi parce que recevant moi-même, chaque matin, des dizaines et des dizaines d'ouvrages pas forcément utiles, je me disais qu'il était temps de cesser à mon tour d'encombrer un peu plus les bureaux de mes confrères.

Seulement voilà, 2020 et maintenant 2021 sont des années drôlement spéciales.

D'abord j'aurai la chance de fêter en septembre prochain trente ans de radio nationale, depuis *Rien à cirer* en 1991 sur France Inter jusqu'aux *Grosses Têtes* de RTL en passant par *On va se gêner* sur Europe 1. Ensuite, célébration moins heureuse mais aussi moins autocentrée, nous commémorons cette année l'anniversaire du premier confinement et nous en sommes à plus de douze mois d'obligations sanitaires qui ont changé nos habitudes et modifié nos vies et, le moins qu'on puisse dire, c'est qu'il y a eu de quoi écrire.

Ainsi, en relisant ce qu'avec mon complice, Arnaud Crampon, nous avons su tirer de cette actualité chaque matin entre 6 heures et 9 heures, le souhait d'en faire un recueil est donc revenu.

Cette photographie des mois que nous vivons depuis janvier 2020 n'est pas commune et face à l'accumulation de décisions parfois incohérentes, de comptage quotidien des morts et d'hystérie sanitaire, s'est imposée très vite l'envie d'en rire plutôt que d'en pleurer, formule qu'on doit, rappelons-le à M. de Beaumarchais. Bonne réponse de Laurent Ruquier !

De surcroît ou « Trois sur quatre » (comme aimait ajouter Jean Yanne – mais on va arrêter là les citations) nous n'avons pas été si nombreux à pouvoir nous livrer à cet exercice quotidien. C'est un constat, il y a de moins en moins d'émissions irrévérencieuses sur les chaînes TV et conséquence de la fermeture des salles, pas ou peu d'humoristes sur scène depuis plus d'un an. Résultat, ces commentaires faits pour rire (et parfois réfléchir) de l'actualité ont, à mes yeux, pris plus de valeur que les années précédentes, l'exercice de cette activité ayant été plus rare. J'ai même trouvé que les professionnels de la profession des « rigolos » avaient parfois mis un peu de temps à comprendre dans quelle spirale de consensus démagogique on voulait bien nous entraîner, pour preuve encore récemment, la « commande » d'Emmanuel Macron aux *youtubeurs* Mcfly et Carlito qui se sont pliés de bonne grâce au souhait présidentiel et ont pondu une chanson en faveur des gestes barrières ! Je n'y vois qu'un péché de jeunesse, mais j'ai personnellement toujours pensé qu'un humoriste, ça ne se commandait pas et je crois bien qu'il y a quelques années, si on avait demandé la même chose à Coluche, Pierre Desproges ou Guy Bedos (ou même à Pierre Dac ou Pierre Doris pour aller plus loin dans le temps), les seuls gestes barrières qu'ils auraient préconisés, en réponse au président, auraient été un bras ou un doigt d'honneur…

Dernier argument, si besoin était de vous convaincre encore de la nécessité de ce livre (tout de suite, les grands mots !) : oser faire rire est de plus en plus difficile. Le petit oiseau bleu veille.

Une blague sortie de son contexte, une vanne détournée de son unique but de faire rire et c'est le scandale assuré via Twitter. Il ne faut plus vexer les défenseurs des animaux, les religions, les femmes, les homosexuels, la droite, la gauche, la CGT, l'extrême droite, les transgenres, les maigres, les gros, les roux, les secrétaires, les patrons, les Belges, les accents, les Asiatiques, les Noirs, les Bretons, les cultivateurs d'asperges, l'association des fans de Dalida, les rappeurs, les divas, le collectif des joueurs de boules, les bègues, les bossus, les puissants, les impuissants, les Balkany, la famille Villemin, les handicapés, le lobby des amateurs de kiwis, les tricoteurs d'Arras, les pépiniéristes de l'île de Ré, les parents d'autistes, les frontistes, les frondeurs, les footeux, les islamo-gauchistes, les bolloristes, les collectionneurs de boules à neige, les eunuques, les cancérologues, les postiers, les prostituées, leurs clients, les ministres, les abstentionnistes, les lepénistes, les daltoniens, les directeurs de cirque, les confrères, les cons, les frères… Il ne nous reste plus grand-chose ! Allez faire rire après ça ! Même sur l'âge de la première dame, on n'ose plus ricaner, parce que les bien-pensants nous ont fait comprendre que ce n'était pas bien. Quand on pense que Thierry le Luron se moquait déjà, au début des années 80, du nombre de bougies sur le gâteau d'anniversaire de Line Renaud alors qu'elle n'avait à l'époque qu'à peine 55 ans !

À propos de Twitter, il est quand même paradoxal de constater que c'est là qu'on trouve le plus de propos haineux, racistes, homophobes, xénophobes, sexistes, diffamatoires et que c'est pourtant le même instrument dont se servent les associations, collectivités, lobbies, rois de la victimisation et autres comités de défense pour atteindre ceux qui n'ont pour autre ambition que faire rire. Comme si l'oiseau bleu voulait s'arroger le monopole de la liberté d'expression. Sur son arbre, on peut tout dire et même le pire alors qu'en dehors de ses branches, on est à sa merci pour un simple bon mot. On peut s'insulter sérieusement, mais pas se moquer pour faire rire. Sans compter que les insultes viennent de rebelles déjà masqués avant que ce ne soit obligatoire alors que les dessinateurs ou les humoristes, au moins, eux, signent leurs traits d'esprit. En fait, c'est simple, on peut continuer à dire ce qu'on veut, mais il faut que ce soit sur Twitter et surtout pas ailleurs.

« Être Charlie » aujourd'hui, on en conviendra, relève donc du parcours d'obstacle. Si j'en crois un rapport publié par une association de journalistes

LGBT (sigle un peu discriminant pour les voyelles) mes « Grosses Têtes » seraient même homophobes, sexistes, grossophobes, racistes et j'en passe… Je ne me suis pas une seconde senti visé et mes followers radiophoniques qui me suivent depuis trente ans continuent à me faire confiance. En revanche, je plains ceux qui démarrent une carrière. D'autant que – et c'est ce qui m'étonne le plus – la majorité des journalistes ont aujourd'hui le nez collé sur leur smartphone comme si les réseaux sociaux étaient devenus l'AFP et les Twittos un échantillon représentatif de la population établi par un institut de sondage compétent. C'est un peu comme si, il y a trente ou quarante ans, un directeur de rédaction avait mis la rubrique du courrier des lecteurs en une de son journal. Au moins, à l'époque les journalistes avaient compris que les lettres publiées dans cette rubrique seraient meilleures s'ils les écrivaient eux-mêmes, ce dont ils ne se privaient pas. À croire qu'en 2021, la plupart n'aient plus ce talent.

Bref, entre le dessinateur Xavier Gorce dont le journal *Le Monde* s'est désolidarisé, Élie Semoun censuré par Instagram, l'humoriste Norman qui s'excuse (il n'aurait d'ailleurs pas dû mais la nouvelle génération de youtubeurs s'est fait connaître au nombre de likes et est terrorisée au premier pouce qui se baisse). Les victimes de ce qu'on appelle aujourd'hui la « Cancel Culture » sont de plus en plus nombreuses et les temps sont devenus compliqués pour qui veut faire rire, l'art de la satire et *a fortiori* de la provocation devenant un vrai travail d'acrobatie. Si seulement nous avions encore nos repères, mais là aussi les temps ont changé : il fut un temps où la liberté d'expression, l'esprit Charlie ou l'humour bête et méchant façon Hara-Kiri étaient défendus par la gauche dans laquelle je me reconnaissais. On « bouffait » du curé, osait les plus gros mots et s'amusait des tabous sexuels en s'attirant les foudres de la droite gaulliste, de la France de Pompidou, des ligues de vertu ou des comités catholiques, mais la gauche contestataire était là pour défendre ceux qui « dérangeaient ». Aujourd'hui, quand un dessinateur ou un humoriste est attaqué, c'est *Le Figaro*, *Le Point* ou *Marianne* qui les soutiennent alors que *Libération*, *L'Obs* ou *Télérama* poussent des cris d'orfraie en les montrant du doigt. Comprenne qui pourra.

Il serait évidemment prétentieux d'affirmer que la publication de cette année *Finement Con* est un acte politique, mais il ne me déplaît pas de montrer que oui, il est essentiel (un mot devenu dangereux lui aussi) de continuer à pouvoir rire de tout.

Je tiens tout de même à rassurer ceux qui vont se plonger dans cet aide-mémoire et qui s'inquiéteraient pour ma santé mentale : « Je ne pense pas tout ce que je ris. »

Je vous le dis, par avance, j'ai beaucoup de respect pour mon médecin généraliste, d'autant que je ne l'ai pas encore vu à la télévision et ceux qui déduiraient à la lecture de ce livre que je suis complotiste doivent savoir que je me ferai vacciner dès que Nicolas Sarkozy m'aura laissé la place ! Je suis même prêt à accepter un dîner avec Olivier Véran s'il accepte de me montrer sa deuxième épaule.

À destination de l'« Association des amis du professeur Delfraissy », retenez aussi, avant de renoncer à lire la suite, que je ne suis absolument pas gérontophobe. Je prends régulièrement des nouvelles de mes aînés et je n'ai pas attendu les leçons du Conseil scientifique pour me sentir solidaire d'une catégorie dont je ne vais pas tarder à faire partie. Je considère simplement qu'il était injuste d'empêcher des jeunes de vivre normalement pour rallonger de quelques mois l'espérance de vie de vieillards qui se lamentaient déjà dans des EHPAD, alors qu'en cas de guerre, on envoie les jeunes au front, sans demander aux vieux de partir avec eux, uniquement par solidarité. Qu'est-ce que ça fait du bien de ne pas être politiquement correct et de dire ce qu'on pense, et c'est justement un des bénéfices de l'âge.

En fait, je me demande simplement pourquoi en quinze mois de temps, on n'a pas encore trouvé la solution pour ne pas laisser mourir les uns en laissant vivre les autres. Si vous insistez, je vais même être beaucoup moins virulent que ça : je demande juste à pouvoir sortir mon chien le soir, sans avoir à remplir préalablement une attestation ! Encore un peu et je suis prêt à manger dans la main du professeur Salomon…

« Et la bite à Griveaux, dans tout ça ? » Puisque je vous accorde une dernière question, voici ma réponse : je reconnais qu'elle revenait un peu trop régulièrement au début de l'année 2020. Trop même. Et encore, on en a coupé ! C'était un sujet trop facile, d'autant que, dans cette affaire, la victime, ce fut bien lui. Il faudrait savoir mieux résister à la tentation. C'est vrai pour les politiques comme pour les humoristes mais là encore, ceux qui, comme nous, ont fait rire avec ce sujet n'ont fait que puiser dans les journaux qu'ils soient de presse écrite, radiophonique ou télévisuelle. La sagesse aurait été de ne jamais parler de cette vidéo mais ce sont les rédactions qui, si j'ose dire, s'en sont saisies en premier, pas ceux qui ont pour tâche quotidienne de déclencher des rires avec ce qu'on leur donne.

Bon, voilà, vous êtes prêts ?

Enlevez votre masque (sauf si vous êtes dans le train, le bus ou le métro) et bonne lecture !

Carlos Ghosn a quitté le Japon en Renault Évasion.

*

Le livre *Lolita* de Vladimir Nabokov va être à nouveau adapté à l'écran mais avec Chantal Ladesou dans le rôle de Lolita pour éviter toute ambiguïté.

*

Jean-Claude Gaudin a finalement décidé de se représenter dans la ville dont il est maire, mais heureusement, il ne se souvient plus de quelle ville il s'agit.

*

Suite à trois cas de coronavirus de Français revenant de Chine, le gouvernement a décidé de mettre Jean-Pierre Raffarin en quarantaine.

*

L'écrivain Gabriel Matzneff, qui avait disparu de Paris depuis le scandale pédophile, est actuellement en Italie. *Paris Match* l'a retrouvé au Vatican.

*

Brigitte Macron, née Trognon, attaque Apple pour utilisation abusive de son image à travers le logo de la pomme croquée.

*

Luc Besson a annoncé qu'il allait réaliser un biopic sur Michou qu'il allait appeler : *Le Grand Bleu 2.*

*

M. Luca de Meo, le nouveau patron de Renault, a été choisi pour ses mensurations afin qu'on soit sûr qu'il ne puisse pas entrer dans une malle.

*

Hier lors de son procès à New York, Harvey Weinstein a réclamé de participer à une reconstitution pour chaque agression dont il est accusé.

*

Le ministre de l'Intérieur, Christophe Castaner, a été vu hier soir en boîte de nuit s'éclatant sur la chanson « La Grenade » de Clara Luciani.

*

En Chine, les chiens se sont mis à tousser au lieu d'aboyer pour échapper aux restaurateurs.

*

À l'enterrement de Michou, il y aura deux files différentes devant le cercueil pour qu'on puisse distinguer les vraies Mireille Mathieu, Line Renaud et Sylvie Vartan des fausses.

*

Roman Polanski aurait été pressenti pour remettre le César du meilleur espoir féminin.

*

Scandale, le cardinal Barbarin est reparti du tribunal hier en chevauchant un scoot.

*

Jo-Wilfried Tsonga a battu Novak Djokovic en finale de l'Open d'Australie… juste avant de se réveiller en sursaut.

*

Anne Hidalgo a annoncé qu'elle voulait planter 170 000 arbres dans Paris. Elle aurait même ajouté : « C'est pratique, il y a déjà les trous ! »

*

Les Français en quarantaine à Carry-le-Rouet ont eu la visite de Jean-Pierre Foukoshima.

*

À l'enterrement de Michou, plusieurs personnes se sont évanouies en voyant Orlando bouger.

*

La chaîne info en continu BFM, ne veut plus faire du 24 heures/24 mais du 48 heures/24 en divisant son écran en deux.

*

Les mouvements féministes #MeToo et #BalanceTonPorc ont déposé un recours en justice pour que l'expression « Tout est bon dans le cochon » soit désormais interdite.

*

L'entraîneur de l'équipe de France de lanceuses de poids a été hospitalisé dans un état critique après avoir tenté des attouchements sur une athlète.

*

Harvey Weinstein a fait référence à Coluche pendant son procès en déclarant : « Un viol c'est quand on ne veut pas. Moi, je voulais. »

*

Les prochains passagers en provenance de Wuhan seront directement envoyés avec un masque au Carnaval de Venise.

*

Anne Hidalgo a décidé de célébrer à sa façon le Nouvel An chinois : ce sera l'année du rat tous les jours dans la capitale.

*

Effet du scandale qui secoue le patinage artistique, Jean Dujardin a été entendu par la police pour être sûr que son épouse Nathalie Péchalat était bien consentante.

*

Quelqu'un a été vu hier à la FNAC en train d'acheter un album de Brigitte Fontaine.

*

Le procès de l'homme qui se faisait passer pour Jean-Vincent Placé a démarré. C'était bien Jean-Vincent Placé.

*

Didier Gailhaguet, le président de la Fédération française de patinage, a justifié hier en conférence de presse le comportement de l'entraîneur Gilles Beyer en déclarant : « En même temps si les patineuses mettaient des jupes plus longues, ça n'arriverait pas. »

*

L'entraîneur qui a essayé d'abuser de Teddy Riner est toujours dans un coma profond depuis dix ans.

*

Des scientifiques viennent de découvrir que le génome du coronavirus muterait moins vite que les opinions de Ségolène Royal.

*

Benjamin Griveaux propose dans son programme pour Paris que la nouvelle gare de l'Est soit construite dans le XIIIe arrondissement, afin que les habitants puissent la construire eux-mêmes en dix jours.

*

Il y aura désormais un « A » sur le casque des CRS pour rappeler aux manifestants qu'il s'agit de poulets ayant droit à des sorties à l'extérieur.

*

Isabelle Balkany tient à assurer qu'il n'y avait aucune intention raciste à appeler son assistant asiatique « Grain de Riz ». En échange, lui l'appelait « Pot de vin » et ils s'entendaient très bien.

*

Didier Gailhaguet a démissionné ce week-end de la Fédération française des sports de glace. Pour l'instant aucun changement en revanche à la Fédération des pôles en ski.

*

Bernard-Henri Lévy a profité de la tempête Ciara pour accrocher une corde à la cheville d'Arielle Dombasle et faire un peu de cerf-volant.

*

Cinq cas de coronavirus ont été diagnostiqués dans le village des Contamines-Montjoie en Haute-Savoie. Cette contamination serait due à des appareils à raclette *made in China*.

*

C'est déjà acté, c'est Marlène Schiappa qui co-animera avec Cyril Hanouna le débat d'entre deux tours pour la présidentielle 2022.

*

Catherine Trautmann est à nouveau candidate à la mairie de Strasbourg. Elle avait fait une pause pour jouer le colonel dans *Rambo*.

*

Marcel Campion veut interdire les trottinettes dans Paris. On pourra se déplacer en soucoupe volante, sur un cochon rose, un cheval en bois ou une licorne, à condition de bien vouloir tourner en rond.

*

Un maire de 97 ans est candidat à sa réélection en Gironde. S'il meurt entre les deux tours, ses électeurs pourront glisser leur bulletin directement dans l'urne à la sortie du crématorium.

*

Cyril Hanouna ne ferme pas la porte à une candidature à l'Élysée. En même temps, Il ne ferme pas la porte non plus quand il va aux chiottes.

*

Anne Hidalgo aurait déclaré « avec moi les artères sont peut-être bouchées mais avec Griveaux les veines étaient gonflées ».

*

Le Manifeste des JO, écrit de la main de Pierre de Coubertin en 1892, a été acheté 8 millions d'euros par un milliardaire russe président de la Fédération internationale d'escrime. On peut y lire cette mention : « L'essentiel c'est de graisser la patte. »

*

Dans son dernier livre, le docteur Saldmann délivre de précieux conseils qui peuvent vous permettre d'avoir l'air d'un docteur.

*

Le paquet de Marlboro va passer à 10 euros à partir du 1er mars. La mention « Fumer tue » sera remplacée par « Fumer ruine ».

*

Patrick Balkany se dit aussi victime comme Benjamin Griveaux d'une machination russe, puisque lui aussi a dû abandonner sa candidature à la mairie après avoir touché un gros paquet.

*

Hier, sur Twitter, Patrick Balkany a tenu à saluer ses compagnons de cellule : « Couscous royal » et « Poulet Tikka ».

*

Vidéo de Benjamin Grivaux : lors de sa garde à vue, la jeune étudiante Alexandra de Taddeo a affirmé que ça n'était pas un coup monté mais une bite.

*

Après de nombreuses recherches, on n'a toujours pas trouvé de vidéo de Ségolène Royal à une réunion sur les pôles.

*

Candidature à la Mairie de Paris : il est désormais officiel qu'il vaut mieux ne pas se filmer quand on secoue son bébé.

*

Le ministère de l'Intérieur a annoncé s'être trompé dans ces chiffres de la criminalité en France. Il avait pris en compte la série de téléfilms de France 3 : meurtres dans le Morvan, Meurtres dans le Jura, Meurtres dans les Landes…

*

Le bébé de Nabila aurait développé une intolérance au silicone durant son allaitement.

*

Piotr Pavlenski a déclaré à la Police avoir d'autres vidéos compromettantes sur les candidats à la mairie de Paris, par exemple : Cédric Villani en train de compter sur ses doigts.

*

À l'entrée du siège de La République en marche, il est maintenant inscrit : « Si la campagne se durcit, merci de ne pas filmer. »

*

Tom Leeb a été choisi pour représenter la France à l'Eurovision parce que comme son père, il pourra prendre tous les accents des différents pays votants.

*

À propos de l'affaire Griveaux, Gérard Collomb candidat à la Mairie de la Capitale des Gaules, a juste déclaré : veinard !

*

Mme Jacqueline Poignet, veuve depuis plusieurs années, a tenu à faire savoir qu'elle ne soutenait pas spécialement la candidature de La République en marche.

*

Pour protester contre l'ingérence russe dans les affaires françaises, le ministre de l'Intérieur Christophe Castagnette s'est cloué les rognons place Beauvau.

*

Ce matin, en conférence de presse, Agnès Buzyn, candidate remplaçante de Griveaux à la Mairie de Paris a fait un malheureux lapsus en déclarant qu'elle voulait rouvrir les doigts sur verge.

*

Une vidéo montrant Marcel Campion en train d'embrasser sur la bouche Michou dans une auto-tamponneuse aurait été proposée à la Mairie de Paris.

*

Kevin Boujenah et Dylan Magdane ont écrit au CSA, furieux de ne pas avoir été choisis par France 2 pour représenter la France à l'Eurovision.

*

« La chanson pour l'Eurovision c'est caca. » Les parents de Franck Riester, le ministre de la Culture, sont heureux d'annoncer qu'il a dit ses premiers mots.

*

Une sextape montrant Jean-Luc Mélenchon en train de faire la brouette révolutionnaire avec Joan Baez sur une plage du Venezuela aurait été refusée par Mediapart.

*

Scoop : Benjamin Griveaux a décidé d'accorder sa première interview politique à Jean-Jacques Gourdin sur BFM.

*

Marie Myriam et Yannick Noah ont été aperçus hier soir dans une brasserie parisienne en train d'arroser la création de l'association : « C'est pas demain qu'on va nous succéder. »

*

Ce soir sur France 3, soirée spéciale Benjamin Griveaux avec, à 21 heures, la diffusion du film *Prête-moi ta main.*

*

Sondage : à la question que pensez-vous de la brouille entre Christophe Castaner et Olivier Faure, plus de 90 % des Français ont répondu : Olivier qui ?

*

Conseil du gouvernement dans le cadre de la lutte contre le coronavirus : si un douanier vous demande « T'habites à Milan ? », ne lui répondez surtout pas « Bon anniversaire ».

*

À la Scala de Milan, dès la première toux de la Traviata, 300 personnes ont quitté la salle.

*

Apple révèle que sur le prochain iPhone qui sera un peu plus cher, en plus du mode avion vous aurez un steward ou une hôtesse de l'air de fourni (e) avec l'appareil.

*

Puisqu'il fallait lui retrouver un poste, Emmanuel Macron vient de nommer Benjamin Griveaux ambassadeur des popols.

*

L'homme le plus vieux du monde est décédé mardi dernier à 112 ans. Les examens sont en cours pour savoir si c'est à cause du coronavirus.

*

Madonna est arrivée sur scène trois heures après l'horaire prévu. C'est la seule façon qu'il lui reste d'avoir encore du retard.

*

La chanteuse Lââm est entrée avec trois heures de retard sur scène. Elle attendait qu'il y ait quelqu'un dans la salle.

*

En soutien au jeune nain australien dont les images ont ému les réseaux sociaux, Benjamin Griveaux aurait tweeté : « Moi aussi je souffre d'onanisme. »

*

Piotr Pavlenski est sorti de garde-à-vue, contrairement à Benjamin Griveaux qui serait toujours au garde-à-vous.

*

L'esthéticienne censée s'occuper des sourcils de François Fillon a avoué être un emploi fictif.

*

Incident au salon de l'Agriculture. Emmanuel Macron a tapoté par erreur la croupe de Karine Le Marchand.

*

Conseil du ministère de la Santé : pour lutter contre le coronavirus, mangez des crêpes et des pizzas. Ça ne vous guérira pas mais on pourra vous les glisser sous la porte.

*

Première victime du coronavirus en Belgique : un Belge s'est étranglé entre deux lames d'un store vénitien.

*

Coronavirus en Italie : Claude Barzotti a été placé en quarantaine après avoir chanté « Je suis viral et je le reste ».

*

Rebondissement au procès de François Fillon : Piotr Pavlenski aurait fourni au juge une vidéo où on voit Pénélope qui ne branle rien.

*

Pour lutter contre le coronavirus venu d'Italie, le dissident russe Piotr Pavlenski a déclaré qu'il fallait bien secouer les nouilles.

*

Coronavirus : la parade du Parc Disneyland a été annulée hier et le nain Atchoum a été mis en quarantaine.

*

Procès Fillon : hier à la fin de la première journée passée au tribunal, Pénélope Fillon a demandé si c'était payé.

*

Les empreintes digitales de Benjamin Griveaux auraient aussi été retrouvées sur l'obélisque de la Concorde.

*

Après l'abbé Pierre, Cousteau et de Gaulle, Lambert Wilson jouera Simone Veil dans un prochain biopic.

*

Si on regarde BFM en boucle pendant douze heures, il y a 345 000 morts du coronavirus en France.

*

Incertitude autour de la date exacte de naissance de Neymar. En effet le footballeur organise une fête tous les trois jours.

*

La cérémonie des César sera diffusée demain soir en clair sur Canal+. Seul Roman Polanski sera crypté.

*

Suite à l'affaire Griveaux, le ministère de la Santé a conseillé aux Français d'éviter les poignées de main avec les élus.

*

Benjamin Griveaux a reçu le César de la révélation masculine pour *Portrait de la jeune bite en feu.*

*

Nouveau scandale dans le cinéma : Clara Morgane révèle avoir dû coucher pour obtenir ses rôles.

*

Aux César vendredi soir, l'acteur Jean-Pierre gningningnin n'a pas voulu prononcer le nom de Roman Polanski.

*

Nuit des César : beaucoup de plaintes sont arrivées au CSA pour avoir interrompu à plusieurs reprises la diffusion du *one woman show* de Florence Foresti par des remises de statuette.

*

Une flamme a été allumée devant le ministère de la Culture, en hommage au ministre inconnu.

*

Bilan positif de la cérémonie des César : Alain Terzian, le président des César, aurait déclaré : « On a quand même eu du bol que Tariq Ramadan n'ait pas réalisé un film. »

*

Christophe Castaner a nommé un haut fonctionnaire pour le respect de la langue française au ministère de l'Intérieur. On ne doit plus dire : je vais tirer au flashball de façon gratuite mais à l'œil.

*

Une nouvelle victime du coronavirus : un homme a été assommé par des kilos de sucre et de pâtes stockés, qui sont tombés sur sa gueule quand il a ouvert son placard de cuisine.

*

Cinq cents personnes contaminées dans un théâtre à cause de postillons. Isabelle Mergault est mise en examen.

*

Coronavirus en Belgique : 10 000 contaminations supplémentaires… Lors des prises de température dans les aéroports, le personnel belge a oublié de désinfecter le thermomètre entre chaque personne.

*

Cinéma : depuis sa cellule de prison Harvey Weinstein a décidé de produire le biopic de DSK qui sera réalisé par Roman Polanski sur un scénario de Tariq Ramadan. On ne sait pas encore si Florence Foresti incarnera le rôle de la femme de chambre.

*

C'est un scoop : l'actrice Juliette Bidoche a révélé être vegan.

*

Débat entre les sept candidats à la mairie de Paris : Anne Hidalgo ressort gagnante. En effet, aucun des autres candidats n'a eu l'idée d'arriver en retard à cause des embouteillages.

*

Municipale à Paris : trois femmes en lice mais la plus lisse reste Rachida Dati.

*

D'après une nouvelle étude scientifique, ceux qui tweetent tout ce qui leur passe par la tête seraient atteints par un « Morano-virus ».

*

Alexandra de Taddeo, à qui Benjamin Griveaux a envoyé des vidéos, a annoncé reprendre ses études de droit. Mais elle abandonne le droit pénal pour le droit pénis.

*

Les Balkany ont invité les Fillon à dîner hier soir : cet après-midi à 15 heures, Grain de Riz n'avait pas encore terminé de nettoyer toutes les casseroles.

*

Sur ses affiches électorales, François Bayrou candidat à Pau a fait photoshoper ses oreilles pour qu'on pense qu'il est candidat sans étiquette.

*

À cause de l'épidémie de coronavirus, la buvette est désormais fermée à l'Assemblée nationale. Mais Jean Lassalle assurera tout de même sa permanence au Balto de 15 heures à 18 heures.

*

Katy Perry en couple avec Orlando Bloom annonce attendre un bébé. Fans de Maurice Chevalier, ils ont décidé de l'appeler Prosper… et Youpla en deuxième prénom.

*

La sortie du nouveau James Bond, *Mourir peut attendre*, initialement prévue en avril est repoussée au mois de novembre pour cause de coronavirus. Aucune inquiétude pour les spectateurs du film *De Gaulle* qui sont plus résistants.

*

Le ministre de l'Intérieur serait lui aussi atteint du coronavirus. Christophe Cathéter a été mis sous perfusion.

*

Sur décision des dirigeants du Paris-Saint-Germain, le match PSG-Dortmund se jouera demain soir dans le métro pour qu'il puisse y avoir du public.

*

Rassemblement de plus de 1000 personnes interdit. L'AS Monaco annonce que ses matchs se dérouleront normalement.

*

Les couilles des éditeurs qui ont renoncé à publier les Mémoires de Woody Allen seront exposées au prochain salon du Livre.

*

Le joueur de rugby écossais qui a reçu un violent coup de poing dimanche d'un joueur français a déclaré : « Heureusement qu'il y avait mon nez, sinon je l'aurais pris dans la gueule. »

*

Une rumeur court au sein des républicains : si Nicolas Sarkozy a soutenu Rachida Dati, c'est parce qu'il ne l'a pas reconnue.

*

Italie : le gouvernement interdisant tout rapprochement de moins d'un mètre, seul Rocco Siffredi peut continuer à tourner ses films.

*

Après avoir entendu que le coronavirus touchait toutes les bourses du monde, un homme qui s'est lavé les parties avec du gel hydroalcoolique a dû être hospitalisé d'urgence.

*

Conséquence de l'épidémie de coronavirus : l'élection du meilleur sosie de Claude François se déroulera finalement à Huit Cloclo.

*

Le président de la République lance un nouveau parti : La République En Masque.

*

Affaire Polanski : Jean-Pierre Darroussin regrette avoir dit qu'il regrettait d'avoir dit qu'il regrettait avoir écorché le nom de Polanski. Il aurait même ajouté : « Je ne me prononcerai plus ! »

*

Kendji Girac agressé à la sortie d'un bowling pour une montre de 50 000 euros. La perquisition chez Yvan Le Bolloc'h n'a rien donné.

*

Une girafe blanche souffrant de dépigmentation a été abattue. La protection d'Édouard Philippe a été renforcée.

*

Le PSG s'étant qualifié pour le quart de finale sans public, pour le prochain tour, on essaiera sans le ballon.

*

Hier à Disneyland, Donald a dit à Atchoum : « Et dire qu'on n'avait même pas fermé pour la grippe aviaire ! »

*

Le président l'a annoncé : à partir de lundi les écoles, les collèges, les lycées et les universités seront fermés. Beaucoup de parents regrettent que ce ne soit pas avec les élèves à l'intérieur.

*

Emmanuel Macron maintient le premier tour des élections municipales. Mais il sera interdit de se moucher dans le rideau de l'isoloir.

*

Les scientifiques nous affirment maintenant qu'ils ont commis une petite erreur : le coronavirus est finalement plus grave qu'une petite grippe. Les survivants auront rectifié d'eux-mêmes.

*

Statistiques : sur 46 % des électeurs qui sont allés voter, 50 % sont allés dans les bureaux de vote pour récupérer les bulletins pour faire du papier toilette.

*

Les chiffres de la prostitution sont en chute libre. Ce n'est pas par manque de client mais les fellations sont très compliquées avec un masque.

*

Les scientifiques qui nous ont dit, il y a quinze jours, que le coronavirus était une petite grippe, qui nous ont dit, il y a une semaine, que ça ne se passerait pas chez nous comme en Italie, seraient toujours en liberté. On a hâte qu'ils soient confinés.

*

Théorie du complot : Nicolas Dupont-Aignan l'affirme, c'est Benjamin Griveaux qui a apporté le coronavirus en France pour qu'on arrête de parler de sa bite.

*

Nathalie Péchalat ayant été élue à la tête de la fédération des sports de glace. Dans *Brice de Nice 3*, Jean Dujardin fera du patinage artistique à la place du surf.

*

Le président de la République ayant mis la France sous cloche pendant quinze jours minimum. Pendant cette période, c'est Nabilla qui incarnera Marianne.

*

C'est bien Donald Trump qui serait à l'origine du coronavirus. C'est en effet un pangolin mort qu'il porte sur le crâne depuis le début de son mandat.

*

Gérard Collomb qui a quitté le ministère de l'Intérieur juste avant l'épidémie de gilets jaunes et Agnès Buzyn qui a quitté le ministère de la Santé avant l'épidémie de coronavirus vont créer un cabinet de voyance qui ouvrira en juin au lendemain du deuxième tour des Municipales.

*

Carla Bruni, l'ex-première dame de France, a tenu à s'excuser sur Facebook pour les mauvaises blagues qu'elle avait faites sur le coronavirus devant les caméras : elle ne savait pas… qu'elle était un peu conne.

*

Nadine Morano a respecté hier le premier jour de confinement. Ses voisins n'en peuvent déjà plus. Elle continue à aboyer de 6 heures à 22 heures.

*

Roland-Garros reporté. Jo-Wilfried Tsonga estime que c'est une mauvaise décision : avec tous les désistements, il aurait eu une chance de gagner en juin.

*

À cause du sous-titrage instantané du discours du président hier, beaucoup de malentendants ont compris : « Frangnaise, Franpais, nous pommes en guerre. Pestez chez vous ! Bon bourage à tous ! »

*

Carlos Ghosn, l'ex-PDG de Renault, tient à signaler depuis le Liban qu'il est prêt à louer sa malle de transport d'instrument de musique pour tout déplacement d'un aéroport à l'autre.

*

Le ministre de l'Intérieur, Christophe Castaner, a assuré hier que les policiers n'utiliseront pas leur lanceur de balle de défense contre les piétons qui n'auraient pas leur autorisation de déplacement sur eux. Les policiers qui commettront des fautes de frappe seront mutés au sous-titrage des discours du président de la République.

*

Le Premier ministre l'a confirmé à Anne-Sophie Lapix hier : la réforme des retraites a été reportée à la rentrée. Anne-Sophie Lapix lui a alors demandé : « Mais est-ce qu'il y aura encore des retraités ? »

*

« Confinés les uns sur les autres, vous savez maintenant ce qu'on vit », a twitté hier le président de l'Association des testicules de France.

*

L'Autrichienne Natasha Kampush, qui avait été séquestrée huit ans dans une cave, publie chaque jour ses conseils sur Twitter pour tenir bon pendant le confinement.

*

Certains footballeurs étrangers du PSG ont quitté la France pour rentrer dans leurs pays respectifs. Leurs appartements de 600 m^2 étaient trop exigus pour jouer aux jeux vidéo dans leur canapé.

*

Alerte Avortement : Nadine Morano et Nicolas Dupont-Aignan auraient choisi d'être confinés dans le même appartement. Une pétition circule pour qu'ils ne se reproduisent pas.

*

On a enfin l'explication de l'état de la barbe d'Édouard Philippe : il a voulu commencer à se raser mais s'est aperçu que son blaireau était en fait un pangolin.

*

Hier soir, Roman Polanski et Florence Foresti se sont aperçus en sortant leur chien qu'ils habitaient le même quartier. Leurs chiens s'entendent très bien.

*

Léa Salamé aurait obtenu une interview du pangolin qui serait à l'origine de l'épidémie. À cause d'une grève à France Inter, on a perdu l'enregistrement.

*

Coronavirus : le médecin marseillais qui aurait trouvé un remède au coronavirus, aurait été filmé à son insu en train de chanter : « Paris, Paris, on t'inocule ! »

*

Piotr Pavlenski a proposé une idée au ministère de l'Intérieur pour que les Français respectent enfin le confinement : qu'on leur cloue les couilles chez eux !

*

Patrick Sébastien a dû publier un démenti pour dire que : « Non, ce n'était pas lui déguisé en professeur Raoult qui imitait le fameux savant de Marseille. » Toutefois sa nouvelle chanson, « Ah ce qu'on est serrés au fond de cette boîte, chante la chloroquine, chante la chloroquine », devrait sortir prochainement.

*

Pénurie de papier toilette : le rouleau se revendrait 100 euros au marché marron.

*

Découverte : grâce au confinement on vient de découvrir qu'un chien pisse 82 fois par jour, si on se fie au nombre de fois où les confinés sortent pour promener leur animal de compagnie.

*

Un numéro vert a été mis en place hier par la Kommandantur de Twitter afin de pouvoir dénoncer les joggeurs juifs sans que ça coûte un centime.

*

Classico Paris-Marseille : le ministre de la Santé, Olivier Véran, vient d'égaliser contre le professeur Raoult. Le remplacement d'Agnès Buzyn en début de match n'a pas nui à la rencontre.

*

Après Francis Lalanne, Christian Estrosi, c'est au tour d'Éric Cantona de soutenir le professeur Raoult. Si Danièle Gilbert et Énora Malagré le rejoignent aussi, on va commencer à avoir des doutes... On attend des nouvelles de Paco Rabanne.

*

Ségolène Royal a tenu à remercier tous les Français qui tous les jours à 20 heures sortent sur leur balcon pour l'applaudir.

*

Fabrice Luchini a décidé de lire une fable de La Fontaine tous les deux ou trois jours sur Instagram. Attention, ça coûte 15 312 euros la minute.

*

5 280 signalements au CSA : après la suppression d'Intervilles pour cause de vachettes maltraitées, de nombreux téléspectateurs protestent contre la diffusion du jeu quotidien « Vieux Sans Frontière » où pour l'instant l'Italie mène contre la France.

*

Jeux olympiques : c'est officiel la nouvelle devise des jeux est « Plus vite, plus haut, plus fort, plus tard. »

*

Les époux Macron sont allés au théâtre hier soir. Aucun manifestant pour les filmer dans la salle, aucun comédien sur scène, même pas Jean-Marc Dumontet en coulisse. Bref, la soirée idéale.

*

Plainte des téléspectateurs au CSA : les chaînes d'info n'ont toujours pas retrouvé le patient zéro alors que des médecins zéro, on en a vu défiler plein !

*

Pour la première fois on peut désormais trouver le *Canard enchaîné* en version numérique sur Internet. Pénélope Fillon est ravie. Elle n'a plus besoin d'aller au kiosque pour avoir des nouvelles de son mari.

*

Théorie du complot : Pangolin et Pandémie se seraient mis d'accord pour faire gagner du fric à Panzani. Il n'y a pas de hasard…

*

Florent Manaudou s'est mis en télétravail. Résultat : il a pété sa baignoire en plongeant du haut du sèche-serviettes.

*

Les parents de Greta Thunberg ont été aperçus hier en train de se balader dans les rues de Stockholm. Confinés avec leur fille, ils préfèrent finalement payer des amendes ou tomber malades.

*

Comme les sportifs de haut niveau qui continuent à s'entraîner chez eux, Zahia s'est fait livrer 20 kg de sucettes pour ne pas perdre la main.

*

Ce matin sur une radio, une auditrice a dénoncé son voisin qui sortait trop souvent pour acheter une baguette de pain. Ce qu'elle n'a pas eu le temps de dire, c'est que comme il y va en courant, elle n'a pas réussi à le viser avec son fusil.

*

Théorie du complot : c'est Anne Hidalgo qui aurait importé le coronavirus à Paris pour prouver que Paris sans voiture c'était beaucoup mieux.

*

Rachida Dati a rebouché le champagne quand elle a compris que c'était Michel et pas Anne Hidalgo qui nous avait quittés hier.

*

À cause du manque de main-d'œuvre dans l'agriculture qui va grandement impacter les récoltes, le ministère de la Santé ne recommande plus cinq fruits et légumes par jour, mais seulement deux.

*

Coronavirus et confinement du prince Charles : le porte-parole du Palais de Buckingham tient à rassurer la population. Depuis le temps que le prince Charles attend de monter sur le trône, il a tout le stock de PQ qu'il lui faut.

*

On nous annonce que trois otages français enlevés le 20 janvier dernier en Irak ont été libérés. Les otages ont fait semblant de tousser tous les jours, avant que les ravisseurs ne décident de les relâcher.

*

Donald Trump a obligé Général Motors et Ford à fabriquer des respirateurs. Résultat : un patient en réanimation a été flashé à 160 km/h dans le couloir d'un hôpital new-yorkais.

*

Trente ans d'amitié brisés : la famille Taminet a reçu une lettre de la famille Finé, leur précisant qu'ils ne voulaient plus les voir parce qu'ils étaient trop cons.

*

Les 12 et 13 avril prochains, on pourra cacher des Barilla, Panzani ou Lustucru dans le jardin et on se criera : « Joyeuses Pâtes ! »

*

À Castelnaudary, le confinement tourne au drame. Une famille qui avait fait des stocks de cassoulet a été retrouvée asphyxiée dans son appartement.

*

Vérification des tests de la chloroquine : c'est efficace, ça guérit mais comme effet secondaire, vous pouvez vous retrouver avec le QI de Christian Estrosi.

*

Attention, mercredi c'est Pangolin d'Avril : le premier qui réussira à accrocher un pangolin dans le dos du professeur Raoult aura le droit à un an de chloroquine gratuit.

*

La famille du milliardaire américain de 93 ans mort du coronavirus ne tient pas à ce qu'on communique sur sa dernière phrase qui était : « Enlève ton pied de sur le tuyau d'oxygène ! »

*

Avec la réhabilitation de Roselyne Bachelot, dix ans après l'affaire des vaccins, un espoir renaît. Si on apprenait que le homard était bon contre le coronavirus, François de Rugy pourrait faire son retour au gouvernement.

*

Réhabilitation suite : une statue devrait être érigée en l'honneur de Piotr Pavlenski ; en effet, sans la vidéo dévoilée de Benjamin Griveaux, c'est Agnès Buzyn qui serait toujours ministre de la Santé.

*

Salon, toilettes, chambre, cuisine, salle de bains et arrivée dans le dressing : le tracé du prochain marathon de Paris vient d'être dévoilé.

*

Général Motors, Ford, Peugeot et Renault vont fabriquer des respirateurs alors que jusqu'à maintenant ils ont surtout pollué le monde avec leur diesel. Bientôt le ministre de la Santé annoncera que c'est Moët et Chandon qui fabriquera l'Efferalgan.

*

Les voisins de MacGyver le supplient d'arrêter de tout bidouiller pendant le confinement pour passer le temps. Hier, il a branché l'immeuble sur une ligne à haute tension de 100 000 volts. Résultat : un homme a eu la tête arrachée par sa brosse à dents électrique, une femme qui passait l'aspirateur a aspiré ses trois enfants et un musicien s'est retrouvé incrusté dans le mur de son salon en accordant sa guitare électrique.

*

Déconfinement progressif : Édouard Philippe a annoncé que ce seraient les vivants qui sortiraient en premier.

*

Lacoste s'est mis à fabriquer des masques. Un homme a été défiguré. Le crocodile était encore vivant.

*

C'est officiel, le déconfinement se fera par étapes : le pied droit le 30 avril, le pied gauche le 1er mai.

*

L'Espagne, fortement touchée par la pandémie, vient d'annoncer que désormais dans les corridas, le taureau sera remplacé par un pangolin.

*

Le gouvernement aurait trouvé une astuce pour faire remonter sa cote de confiance : les électeurs d'En Marche pourront sortir en mai, les électeurs du PS en juin, ceux des républicains en juillet, et les militants du Rassemblement national et de la France insoumise dans deux ans.

*

Communiqué du conseil des scientifiques : c'est parce qu'il porte un masque qu'on n'a pas retrouvé le patient Zorro.

*

Nadine Morano vient de rendre à l'Académie des sciences sa thèse sur les doubles prénoms qui deviennent serial killers : elle dit avoir étudié les cas de Guy Georges, Émile Louis et Édouard Philippe.

*

Des chambres froides du marché de Rungis ont été réquisitionnées pour servir de morgue. Si vous trouvez un doigt de pied dans votre rillette ou des molaires dans vos tomates farcies, c'est qu'il y a encore eu une erreur de Frigo.

*

La chanteuse Anggun a décidé elle aussi de poster une chanson pour soutenir le personnel soignant. Du coup, le corps médical manque maintenant de boules Quiès.

*

Braquage de masques français sur le tarmac d'un aéroport chinois. Les braqueurs porteraient des masques de Donald Trump, Boris Johnson et Jair Bolsonaro… enfin, on nous a dit que c'était des masques.

*

Un homme confiné a massacré son poisson rouge, qui se foutait de sa gueule à force de le voir tourner en rond dans son appartement.

*

Conséquence du confinement : des trafiquants de cocaïne qui avaient mis de la farine dans la moitié des sachets livrés viennent de se faire renvoyer les sachets de coke ; les acheteurs veulent l'autre moitié de la farine.

*

On nous a annoncé ce week-end que Franck Dubosc, Claude Lelouch, Elsa Zylberstein ou Gad Elmaleh allaient téléphoner aux personnes âgées. Reste une question : qui va appeler Claude Lelouch ?

*

Astuce confinement lancé par le gouvernement : mettez-vous en cuisine et préparez un pâté. Une fois que vous avez fini, posez-le au milieu du salon et courez autour. Ça vous permettra de faire plusieurs fois le tour du pâté de maisons.

*

La possibilité du port du masque obligatoire à la fin du confinement a fait réagir le grand Imam de France : « Et dire que ça fait des années qu'on nous emmerde avec le port du voile ! »

*

Une blague circulerait actuellement au ministère de la Santé pour détendre l'atmosphère. C'est Olivier Véran qui la raconte partout : Agnès Buzyn se prenait pour Simone Veil alors qu'elle était plutôt Simone N'a-rien-vu-passer.

*

Christophe Castaner a déclaré qu'il ne fallait pas se relâcher… avant d'ajouter : surtout si vous êtes confinés à plusieurs dans un espace exigu.

*

Les chercheurs en sont persuadés, à la fin du confinement l'Humanité se divisera en deux catégories de personnes : ceux qui auront fini Netflix et ceux qui auront fini Youporn.

*

TGV médicalisés : le ministre de la Santé tient à rassurer les familles. Pour obtenir une poche de sang ou une perfusion au wagon-bar, c'est plus rapide que d'habitude.

*

Hospitalisation en urgence de Zahia en détresse respiratoire. Elle aurait fait une fellation en oubliant de retirer son masque. Le masque est toujours coincé dans le fond de sa gorge.

*

Pénurie de masques et de blouses : le gouvernement a eu une idée. Pour faire d'une pierre deux coups, la France va commander un milliard de burqas à l'Afghanistan.

*

Théorie du complot : c'est Vladimir Poutine qui aurait envoyé Piotr Pavlenski pour, à l'aide d'une vidéo coquine, faire démissionner Benjamin Griveaux de la course à la mairie de Paris. Tout ça afin qu'Agnès Buzyn quitte le ministère de la Santé pour être candidate à sa place et, ultime but, qu'Olivier Véran lui succède à la Santé. C'est en tout cas une théorie soutenue par Stéphane Bern, Franck Ferrand et Chantal Ladesou. D'après eux, Poutine aurait dit : « Véran, Da ! »

*

Emmanuel Macron a annoncé qu'en ce qui concerne la production de masques, la France visait l'autosuffisance. Il aurait même ajouté : « Au moins dans ce domaine, on est les plus forts. »

*

Hier, à force de voir des rues vides dans lesquelles il n'y avait personne à qui montrer sa bite, une dépression sévère a touché un exhibitionniste qui s'est suicidé.

*

La preuve que les chanteurs sont vraiment cons, on les a vus chanter de la variété, du rap, du rock et même de l'opéra pour aider les soignants alors qu'on n'arrête pas de répéter qu'on manque de blues.

*

Pénurie d'œufs. Une femme sous l'emprise de l'alcool a trépané son mari chauve. Elle avait envie d'un œuf à la coque.

*

Témoignage d'un malade à bord d'un TGV médicalisé : « Tu vois défiler ta vie mais avec des vaches en plus ! »

*

Le Chinois qui a bouffé du pangolin a tenu à réhabiliter les vertus de cet animal : « Certes, ça a fait quelques morts, mais, depuis, qu'est-ce que je bande bien ! »

*

Le prince Charles confiné pour cause de coronavirus, Boris Johnson hospitalisé, le prince Harry exilé avec sa femme au Canada… Hier soir, la reine d'Angleterre a repris deux fois du pudding !

*

Déconfinement : ça paraît bien normal, c'est Xavier Dupont de Ligonnès qui sera autorisé à sortir en premier !

*

Confinement : tout le monde le dit, la Nature reprend ses droits. La preuve : une petite moustache brune aurait déjà poussé sous le nez de Marine Le Pen.

*

Théorie du complot : ce serait un ami d'un ayant droit de Louis de Funès qui aurait bouffé du pangolin il y a six mois en Chine.

*

Une étude révèle qu'à Paris les cas de dépressions nerveuses explosent… chez les pigeons. Avec le confinement, ils ne savent plus sur qui chier !

*

La marque d'aspirateur Dyson se met à fabriquer des respirateurs. On ne les utilise que pour les malades de plus de 70 ans et des poussières.

*

Grâce au confinement, le monde animal va mieux. La nature reprend ses droits. Un ours polaire a été vu hier en train de faire ses courses chez Picard.

*

À propos du débat sur le traçage des malades, Christophe Castaner aurait déclaré : « Ce serait plus facile, si c'était la gastro. »

*

Plus d'un demi-million d'amendes ont déjà été données pour non-respect du confinement. 530 000 PV ! Soit 40 millions d'euros de recettes pour le gouvernement. Le ministère de l'Économie va donc lancer une nouvelle campagne : « Sortez plus souvent ! »

*

Quarante cas suspects de coronavirus sur le porte-avions Charles-de-Gaulle. Pour éviter toute contamination supplémentaire, la ministre de la Défense, Florence Parly, a demandé au capitaine du bateau de foncer sur un iceberg en chantant du Céline Dion.

*

Bernie Sanders, 78 ans, renonce à la primaire démocrate. C'est donc Joe Biden, 77 ans, qui affrontera Donald Trump, 73 ans, lors de la présidentielle de novembre prochain. Une information à prendre au conditionnel dans l'attente de la fin de la Pandémie.

*

Jean-Paul Belmondo fête aujourd'hui ses 87 ans. Pour l'occasion TF1 diffusera ce soir *Itinéraire d'un enfant masqué*, France 2 *Un pangolin en hiver* mais aucune chaîne n'a osé diffuser *À bout de souffle*.

*

177 000 confinés se sont portés volontaires pour aller travailler dans les champs et aider les agriculteurs. Notamment pour ramasser les asperges. Un agriculteur qui se reposait s'est fait arracher la bite par une ramasseuse inexpérimentée.

*

Hausse spectaculaire des ventes d'Hollywood Chewing-Gum chez les malentendants : ils avaient entendu chlorophylle au lieu de chloroquine.

*

Chantal Goya a demandé à être dépistée d'urgence. Elle vient de réaliser que Pandi Panda, le petit ourson de Chine, avait un cousin pangolin.

*

Dernière nouvelle : le maire de Marseille aurait été abattu en pleine ville dans le cadre de l'opération « Pan ! Gaudin ».

*

La veuve d'Alain Barrière tient à faire savoir qu'elle en a ras le bol d'entendre parler de geste Barrière alors que ça fait quatre mois qu'il n'a pas bougé.

*

Depuis qu'elle a appris que Vuitton s'était mis à fabriquer des blouses, Rachida Dati a décidé d'entamer des études de médecine.

*

Mystère de la médecine : on n'a jamais vu autant de pontes à la télévision et aussi peu d'œufs dans le jardin.

*

On en sait un peu plus sur le fameux masque « Grand Public » évoqué par Emmanuel Macron… c'est un slip avec deux élastiques pour les oreilles, un concept développé par Benjamin Griveaux lui-même.

*

M. et Mme Terrieur tiennent à faire savoir que malgré le confinement, leurs deux enfants Alex et Alain seront traités de la même façon.

*

Impressionnée par le discours du président de la République française, la reine d'Angleterre a décidé d'anoblir Emmanuel Macron. On attend avec impatience le prochain discours de Sir Emmanuel.

*

M. Pokora a décidé de reprendre le tube d'Hervé Christiani en le modifiant légèrement : « Il est libre masque, il est libre masque, y en a même qui disent qu'il faut le porter. »

*

L'Élysée tient à faire savoir que chaque jour le président de la République fait un point sur ce que nous savons et nous ne savons pas. Il aurait même ajouté : « L'essentiel, c'est qu'ils nous savent-honnête ! »

*

La couturière Agnès B. avait fabriqué 1 million de masques bénévolement à destination du personnel soignant. Les masques ont été renvoyés parce que ça faisait trop penser à Agnès Buzyn. On attend les masques Olivier V.

*

Bruce Willis et Demi Moore ont décidé de rester confinés ensemble malgré leur séparation. Après quinze jours de confinement, Bruce Willis aurait déjà pointé un revolver sur la tempe de son ex-femme tout en criant : « Pan ! Démi ! »

*

Inquiète d'être contaminée, Kim Kardashian a voulu prendre sa température hier. On n'a toujours pas retrouvé le thermomètre.

*

Nouvelle polémique dans l'affaire Vincent Lambert. Un de ses cousins a tweeté hier : « On a bien fait de libérer un lit. Vous pourriez dire merci. »

*

Le Premier ministre Édouard Philippe a déclaré : « Si l'Armée avait le budget de la Santé, nos soldats se battraient en slip avec une coquille d'œuf sur la tête et un pistolet à eau à la main. »

*

Déconfinement : on se dirige vers le port du masque obligatoire. L'association des laiderons de France a annoncé son soutien total à cette mesure.

*

Une foule immense s'est rassemblée hier devant Notre-Dame de Paris. C'était des touristes belges qui avaient entendu dire qu'une restauration était en cours.

*

C'est officiel, le festival des vieilles charrues est annulé. En revanche, le ministre de la Santé Olivier Véran a précisé : « Le festival des vieux en chariots à l'hôpital, lui, il est maintenu. »

*

Les parents des artistes à qui leur enfant avait dit : « Non, moi je ne ferai pas médecine, moi ce que je veux, c'est être applaudi tous les soirs » se marrent bien à 20 heures en préparant à bouffer pour leur intermittent du spectacle.

*

TGV médicalisé : après la carte « Enfant + », la SNCF propose la carte « Papy en moins ».

*

Analyse politique : si un jour le gouvernement dit blanc et un autre il dit noir, ça serait juste à cause de la barbe d'Édouard Philippe.

*

Conseil Confinement : après plus d'un mois à se tourner les pouces, s'ils commencent à tomber, pensez à les tourner dans l'autre sens.

*

Un mois de confinement et tout le monde a oublié l'affaire Griveaux. Pourtant, l'ancien candidat à la Mairie de Paris a été le premier atteint du couille-vide 19.

*

Le professeur Raoult confirme que l'épidémie pourrait disparaître d'elle-même au printemps. Il précisera ultérieurement si c'était au milieu du printemps, à la fin du printemps ou à la mi-Raoult.

*

Confinement : deux mois sans esthéticienne ni coiffeur ni barbier, à partir de la semaine prochaine, le pays va passer en stade 4 appelé « Pandémis Roussos. »

*

Miracle de la technologie : on aurait réussi à reconstituer une porte-parole du gouvernement et même une candidate En Marche à la Mairie de Paris avec une imprimante 3D.

*

Chamboulement dans les programmes de France 5. Stéphane Marie ne présentera plus « Silence, ça pousse », c'est Michel Cymes qui prend le relais avec « Silence, ça tousse ».

*

Annulation de la dette pour l'Afrique. Mais en off, le président Macron aurait ajouté : « En revanche si l'Asie pouvait nous rendre nos usines, nos masques et nos médicaments, ce serait super. »

*

La région des Hauts-de-France a appelé au patriotisme régional en invitant tout le monde à manger du maroilles. Le nouveau slogan c'est : « Mangez du maroilles et les autres respecteront les 2 mètres de distance ! »

*

L'armée durement touchée par le coronavirus : 1 046 marins testés positifs au coronavirus à bord du porte-avions Charles-de-Gaulle et 668 chèvres au sein du 5e régiment de la Légion étrangère.

*

Ménage à trois : depuis qu'il a la barbe qui ressemble au pelage d'un panda, c'est Brigitte Macron qui nourrit elle-même Édouard Philippe matin, midi et soir.

*

La recrudescence du nombre de médecins sur tous les plateaux TV a permis le grand retour de Philippe Douste-Blazy qu'on pensait disparu. Le docteur Godard ne devrait pas tarder à revenir.

*

Les visites en EHPAD à nouveau autorisées. Mais attention sous condition : les enfants devront remplir préalablement une autorisation et les personnes âgées leur testament.

*

Le professeur Montagnier a annoncé que le Covid-19 était une création humaine. On ne sait pas encore si c'est une blague de Guy ou une vision de Gilbert.

*

Le professeur Jean-François Défraîchi qui dirige le Conseil scientifique Covid-19 a annoncé qu'après le 11 mai, il faudrait que les vieux restent à la maison. Ainsi, on devrait le voir moins souvent.

*

Pas besoin d'être un spécialiste pour s'apercevoir que l'Allemagne gère beaucoup mieux cette crise sanitaire que nous. Emmanuel Macron a donc tweeté : « L'Allemagne a peut-être cinq fois moins de morts que la France, mais qui c'est qui est champion du monde de football depuis deux ans ? »

*

Édouard Philippe a été très clair lors de son intervention : face au coronavirus et au déconfinement, il a des choses qu'on ne sait pas vraiment et d'autres qu'on ignore complètement.

*

La grand-mère du petit Grégory, Monique Villemin, est décédée dimanche du Covid-19. Christophe Castaner aurait déclaré à cette occasion : « C'est bien la première fois qu'on arrive à identifier le coupable dans cette famille. »

*

Violence conjugale dans un couple gay en Belgique hier. Un des deux maris a reproché à l'autre d'avoir découpé le concombre pour se faire un masque.

*

Les scientifiques sont formels : si les hommes sont plus touchés que les femmes par le coronavirus, c'est à cause de cette mauvaise habitude qu'ils ont tous de mettre sans cesse leurs doigts où il ne faut pas !

*

Si on en croit les derniers chiffres publiés par la presse : 5,7 % des Français auraient été contaminés par le Covid-19. 0,5 % des personnes contaminées en seraient décédées. Sur 100 personnes, on compte donc 0,0285 décès. Parmi lesquels 75 % de plus de 75 ans. Si vous avez donc moins de 75 ans, vous avez donc 0,007 risque sur 100 de mourir du coronavirus. Histoire de continuer à préférer en rire.

*

Élie Semoun tient à remercier tous ceux qui ont envoyé du matériel pour l'EHPAD de son père. En revanche, le pyjama rayé envoyé par Dieudonné sera retourné à son expéditeur.

*

Les consommateurs qui se précipitent dans les rayons d'Intermarché sont priés de bien se rappeler la nouvelle devise des Trois Mousquetaires : « Un qui tousse, tous foutus. »

*

Les images d'un avion bondé de la compagnie Air France ce week-end entre Marseille et Paris ont déclenché une vraie polémique. Non seulement les passagers n'étaient pas à un mètre de distance, ils n'avaient pas de masque mais en plus l'hôtesse n'avait pas de culotte et le steward avait la braguette ouverte.

*

Cérémonie du 8 mai 1945 : la ministre de la Défense, Florence Parly, a déclaré : « Si nos vétérans ont peur de sortir de chez eux à cause d'une grippette, faut pas s'étonner qu'on ait pris une branlée en juin 40 ! »

*

Les scientifiques nous demandent de la patience avant qu'ils ne trouvent un traitement et un vaccin. Vu que ça fait plus de quarante ans qu'ils cherchent un vaccin contre le sida, le déconfinement aura finalement lieu le 11 mai 2060.

*

On a enfin le planning de la reprise de l'école : la première semaine à partir du 11 mai ça sera les maternelles, les CP et les CM2. La deuxième semaine : les 6e, 3e, 1re et terminales. La troisième semaine : tout le monde. La quatrième semaine : une grève générale du corps enseignant.

*

L'Élysée envisage la reprise des cultes à la mi-juin. Pour la reprise du cul, toujours pas de date fixée.

*

Dans *Le Figaro* aujourd'hui, Jean-Christophe Cambadelis déclare : « Je veux être un acteur du débat à gauche. » L'Association pour la protection des électeurs et l'amélioration de la vie politique appelle tout le monde à se mettre à la fenêtre à 20 heures pour lui crier : « On s'en fout ! »

*

Bouchon de trois heures pour acheter des hamburgers dans un McDo Drive qui venait de rouvrir en Seine-et-Marne. Un plaisantin avait écrit « Masque Donald » pour attirer les conducteurs.

*

Épidémie : la France étant très loin de l'immunité collective, c'est Denis Brogniart qui fera le point tous les soirs à la place du professeur Salomon.

*

Le gouvernement tient à le rappeler à tous. N'oubliez pas de remplir votre déclaration de revenus. Elle est obligatoire après la déclaration de sortie.

*

Pour cause de confinement, la sélection des Miss France se fera cette année par vidéo. Attention, si on vous demande une vidéo de vous nue en train de vous tripoter, c'est qu'il s'agit d'un faux profil de Sylvie Tellier.

*

Obligation de porter un masque ? Rachida Dati est contre. Elle aurait déclaré : « J'ai dépensé une fortune en lifting, ce n'est pas pour le cacher derrière un FFP2. »

*

Le professeur Jean-François Défraîchi, président du Conseil scientifique Covid-19, après nous avoir dit qu'il faudrait continuer à éviter les réunions familiales, a tenu à ajouter qu'il faudrait aussi éviter de partir en vacances cet été. Il ne nous a pas encore dit à quelle heure on avait le droit d'aller pisser, mais si ses chaussures sont disponibles, qu'il n'hésite pas !

*

Un four micro-ondes, un écran d'ordinateur, un réfrigérateur, un mortier, des feux d'artifice... La Police de Villeneuve-la-Garenne tient à remercier tous ceux qui ont envoyé du matériel au personnel de secours... Mais... pas sur la gueule, ça aurait été mieux !

*

Les passagers de la Croisière des Grosses Têtes bloqués depuis un mois et demi avec Bernard Mabille et Chantal Ladesou tiennent à faire savoir : « Ça y est, on a assez ri ! »

*

Le premier combat de boxe sans contact a eu lieu hier au Madison Square Garden… sans surprise, au bout de douze reprises, les boxeurs se sont séparés sur un match nul.

*

Pas de confinement en Suède et pourtant pas plus de cas de coronavirus et de décès qu'en France. Zlatan Ibrahimovic en est sûr : c'est parce qu'il fait peur au virus.

*

Les études scientifiques le prouvent : il y a peu de fumeurs parmi les malades du Covid-19. Des masques à la nicotine seront donc distribués à tous les enfants rentrant en cours préparatoire dès le 11 mai.

*

Pour cause de coronavirus, le gouvernement a annoncé que les cérémonies du 8 Mai 1945 seront allégées. En effet, il y aura moins de survivants que l'année dernière.

*

On a tellement dit aux Français qu'il fallait éviter tout déplacement, que – des études le prouvent – certains ont décidé de garder le voyage jusqu'à la salle de bains pour le mois prochain !

*

Bruno Le Maire a annoncé hier que tous les médecins qui font le tour des plateaux télé pourront bientôt bénéficier du statut d'intermittent du spectacle.

*

Édouard Philippe a tenu à rassurer les Français hier. Il a déclaré : « À partir du 11 mai, il y aura des masques pour tout le monde, moi j'en ai même trouvé des gris côté droit et blanc côté gauche. »

*

Jean-Luc Mélenchon a déclaré qu'il n'enverrait pas ses enfants à l'école à partir du 11 mai. Le verbe « envoyer » est à entendre au conditionnel et non pas au futur puisqu'il n'a pas d'enfant en âge d'aller à l'école et que Sophia Chikirou a terminé ses études depuis longtemps.

*

Toutes les émissions Télé du déconfinement le montrent : il y a souvent un décalage entre la question de l'animateur et la réponse de son invité par Skype, FaceTime ou Zoom, si bien que, la plupart du temps, l'animateur est obligé d'enchaîner sans écouter la réponse de l'invité. Bref, c'est comme avant, mais au moins maintenant, les animateurs ont une excuse.

*

D'après une nouvelle étude scientifique, la cocaïne protégerait encore mieux que la nicotine ou la chloroquine. Le Festival de Cannes pourra donc avoir lieu comme prévu à partir du 12 mai.

*

EHPAD : les familles qui étaient sur liste d'attente dans l'espoir d'avoir une place pour leurs parents sont rassurées. Ils devraient avoir l'embarras du choix avant la fin de l'année.

*

Conseil pour faire son masque soi-même : si vous avez un bec de lièvre n'oubliez pas de mettre une carotte dedans.

*

Le ministre de la Santé, Olivier Véran, a fait, hier, cette longue déclaration :

« Tant qu'on n'a pas attrapé le Covid-19 on n'est pas immunisé. Et tant qu'on ne sera pas tous immunisés, on sera confinés. Vu que le confinement est fait pour ne pas attraper le virus. C'est pourquoi le 11 mai on déconfinera pour l'attraper et on sera ainsi tous immunisé. Mais attention, le port du masque sera obligatoire pour ne pas transmettre le virus. Même si ça serait mieux qu'on l'attrape pour être immunisé. Du coup on va aussi procéder à des tests, pour savoir si vous êtes immunisés. Si vous êtes immunisés vous serez déconfinés, en revanche si vous ne l'êtes pas, vous serez à nouveau confinés, pour ne pas être contaminés, même si du coup vous seriez immunisés. Mais bon, c'est encore un autre problème. Bref, je crois que c'est clair pour tout le monde maintenant. »

*

Muriel Pénicaud, la ministre du Travail, a déclaré que les bars rouvriraient dès que les serveurs arriveraient à jeter un verre sur une table à deux mètres de distance sans le renverser.

*

Reprise de l'école : Jean-Michel Blanquer a déclaré qu'il allait falloir s'adapter. Le bonnet d'âne sera remplacé par un bonnet de pangolin.

*

Jean-François Défraîchi, président du Conseil scientifique Covid-19, s'est dit contre le retour à l'école à partir du 11 mai. Emmanuel Macron aurait ajouté : « C'est dommage, parce que si les scientifiques y retournaient dès maintenant, ils seraient peut-être un peu plus sûrs de leurs informations. »

*

Une épidémie de muguet est à prévoir le 1er mai. Le gouvernement appelle à respecter la distanciation sociale pour qu'on puisse distinguer le muguet buccal du muguet vaginal.

*

Vu le nombre de fientes d'oiseaux qu'on peut voir écrasées sur les carrosseries des voitures garées sous les arbres depuis le début du confinement, un lavage gratuit sera offert à tous les automobilistes. C'est le Premier ministre qui a eu cette idée en se rasant ce matin.

*

Donald Trump va lancer sa propre marque de désinfectant qui guérit de tout : la dosette de « Donald Vécé » sera en vente dans tous les drugstores.

*

Marine Le Pen et Jean-Luc Mélenchon sont d'accord, s'ils devaient envoyer leurs enfants à l'école le 11 mai, ils diraient « NON ! » Le président Macron a répliqué : « Comme heureusement ils n'ont pas d'enfant ensemble, vous pouvez envoyer les vôtres. »

*

Assemblée nationale : le Premier ministre a terminé son discours et il n'a rien dit sur l'élimination de Sam dans Koh-Lanta. L'opposition estime qu'il n'aurait pas dû fuir ses responsabilités devant un sujet grave.

*

Patrick Poivre d'Arvor, Bruno Masure, Claude Sérillon et David Pujadas viennent de signer un appel pour qu'on continue au-delà du 11 mai la tradition des applaudissements à 20 heures. Ça faisait si longtemps que ça ne leur était pas arrivé dans une fenêtre à cette heure-là.

*

Manuel Valls et Arnaud Montebourg étant de plus en plus présents dans les médias, le Conseil scientifique estime que ça doit nous servir d'exemple : on ne sait jamais combien de temps peut durer une immunité, un virus peut toujours revenir à tout moment.

*

L'injection de détergent conseillée par Donald Trump s'avérant inefficace, l'Académie française a décidé de remplacer le mot « détergent » par « Enterre-gens » dans ses prochains dictionnaires.

*

Bonne nouvelle à Matignon : Édouard Philippe estime qu'il n'a plus aucun risque d'attraper le Covid-19 tellement il serait isolé au gouvernement.

*

Le Premier ministre l'a confirmé : le déconfinement se fera par paliers. À partir du 11 mai, les habitants du 6e étage auront le droit d'aller sur le palier du 5e étage, ceux du 5e sur le palier du 4e et ainsi de suite. Cependant les habitants des rez-de-chaussée devront attendre le 2 juin avant de sortir, après avoir vérifié le nombre de nouveaux contaminés dans l'immeuble.

*

Certes, le muguet est censé porter bonheur toute l'année, mais le 1er mai prochain, par souci d'économie, offrez quatre feuilles de Trèfle, c'est tout aussi efficace et il vous en reste plusieurs rouleaux.

*

Édouard Philippe a lu hier un discours de 31 pages. Et les linguistes ont salué une très belle performance. Il a réussi a trouvé 52 synonymes de « Pas sûr », 35 de « On ne sait pas » et 42 de « Peut-être ».

*

Perte d'odorat : le Conseil scientifique tient à préciser que si vous ne pouvez plus vous sentir, c'est sûrement plus à cause du confinement depuis un mois et demi qu'à cause du coronavirus.

*

Vous pourrez désormais acheter des masques chez votre buraliste. Ils seront facilement reconnaissables par rapport à ceux vendus chez les pharmaciens puisqu'un petit trou a été fait pour pouvoir y glisser votre cigarette.

*

La chaîne Hippopotamus va rouvrir ses restaurants avant les autres dès le 11 mai, en changeant de nom. On ira désormais chez Hippopandémie en connaissance de cause.

*

Rayon de déplacement autorisé de 100 km : devant la crainte d'un afflux de Parisiens, les villes de Chartres, Évreux et Beauvais annoncent d'ores et déjà que leurs plages de sable fin resteront fermées.

*

Pour les distances de sécurité dans le métro, la RATP a trouvé une solution : le lapin qui se fait pincer les doigts très fort dans les portes sera remplacé par un pangolin vivant.

*

Avec la somme de livres conseillés depuis le début du confinement par différents médias pour s'occuper intellectuellement, une nouvelle épidémie de « Pas-Lu » est à prévoir dans beaucoup de bibliothèques à la fin du confinement.

*

Les pharmaciens constatent une pénurie de thermomètres dans les officines. En revanche, aucune pénurie de trous du cul sur les plateaux télé.

*

Le maire de Nice, Christian Estrosi, a des doutes sur le retour des enfants à l'école, en tant qu'autodidacte lui-même, il pense que ce n'est pas plus mal s'ils vont faire de la moto.

*

Une nouvelle maladie touche les enfants : la maladie de Kawasaki. Les symptômes : l'enfant passe son temps à donner des coups de poignet, il se penche dangereusement quand il tourne et fait « vroum vroum » quand il respire.

*

La carte Covid-19 sera présentée pour la première fois ce soir avec les départements rouges et les départements verts. Les scientifiques craignent une explosion des contaminations chez les daltoniens.

*

Maladie de Kawasaki : Christian Estrosi offre un casque de moto à tous les enfants de Nice pour les protéger.

*

En Grèce, « seulement » 139 morts du coronavirus. L'OMS déclare officiellement que la feta Salakis est plus efficace que la chloroquine contre le Covid-19.

*

Aux États-Unis, plus d'Américains sont morts du coronavirus que pendant la guerre du Vietnam. Ce à quoi le gouvernement vietnamien a répondu : « Chez nous, on est rassuré, le coronavirus ne risque pas de tuer autant de gens que les Américains en ont tués pendant la guerre, sauf si la pandémie dure deux siècles. »

*

Réouverture des plages : cette année, c'est ceux qui ne porteront pas un burkini qui seront virés.

*

700 000 tests en France à partir du 11 mai. Grâce à ce test on saura si on a eu le coronavirus, en revanche on ne saura pas si on est protégé. Donc un deuxième test sera effectué pour savoir si on est protégé, en revanche on ne saura pas si on est porteur. Du coup on pourra faire un troisième test pour savoir si on est porteur, en revanche si ce test est positif on ne saura pas si on est porteur du coronavirus ou d'un rhume.

*

Le gouvernement a annoncé 700 000 tests à partir du 11 mai. Mais, craignant une pénurie de coton-tige, les médecins devront dépister cinq personnes différentes avec le même coton-tige.

*

Communiqué de La République en marche : si on en croit les cartes de France de Benjamin Griveaux, toute l'Île-de-France est dans de beaux draps.

*

Gestion de la crise sanitaire : six Français sur dix ne font pas confiance à notre gouvernement. Et les quatre autres auraient quand même de sérieux doutes.

*

Christophe Castaner a annoncé que la Police allait pouvoir prendre la température des Français dans les rues. Il a donc décidé de commander 150 000 matraques graduées.

*

C'est officiel, entre les commandes du gouvernement, celles des mairies, des conseils régionaux, des associations, des couturières, d'ici le 11 mai, on aura des masques à ne plus savoir quoi en foutre ! En les recousant entre eux, on pourra en faire des patchworks pour les sans-abri cet hiver.

*

Le ministre de l'Éducation, Jean-Michel Blanquer, a annoncé ce week-end qu'il y aurait des cours de pratique de l'escalade pour tous les élèves décrocheurs.

*

D'après une étude, pour 12 % des couples, c'est hors de question de revivre bloqués deux mois avec son ou sa partenaire. Et pour 88 % des couples, ils ne savent pas encore où ils vont dissimuler le corps de leur partenaire.

*

L'Ambassade des États-Unis demande aux journalistes français de ne pas franciser le nom des candidats américains à la Maison-Blanche, parce que « Donald Trompe et Joe Bidonne », c'est pousser trop loin la transparence.

*

Pont du 8 Mai : les professeurs Raoult et Jean-François Défraîchi annoncent que leur roulotte sera fermée pendant le week-end. Leur boule de cristal reprendra du service après le 11 mai.

*

Actualité linguistique. L'Académie française met à jour son dictionnaire des expressions. La formule « Je te pisse à la raie » jugée désuète est remplacée par la formule « Je te tousse à la gueule. »

*

Après avoir demandé aux Français de fabriquer leurs masques eux-mêmes, le gouvernement va plus loin. Édouard Philippe a déclaré hier fournir à chaque Français un sac de sable et un jerrican d'eau, pour qu'ils puissent aussi fabriquer eux-mêmes leur plage en prévision des vacances d'été.

*

Emmanuel Macron a déclaré qu'il avait hâte de retrouver, je cite, « des 1er Mai chamailleurs ». On ne sait pas si Alexandre Benalla sera d'accord pour chamailler à nouveau le 1er mai 2021, mais Valéry Giscard d'Estaing qui a entendu « 1er mai Chamalières » s'est dit heureux qu'on lui rende enfin hommage.

*

Nouveau geste barrière préconisé par l'OMS : « Quand un expert venu d'on ne sait où débarque sur un plateau télé, éteignez d'urgence votre télévision pour éviter d'être contaminé à l'anxiété. »

*

Fête foraine : Marcel Campion promet pour ses prochaines foires, des barbes à papa avec un côté rose et un côté blanc, dans le but de se réconcilier avec Édouard Philippe et son gouvernement.

*

Pour faire taire les rumeurs, Élysée et Matignon l'affirment : il n'y a pas une feuille de papier à cigarette entre Emmanuel Macron et Édouard Philippe. Juste une feuille de papier Q !

*

Après la chloroquine, après le tocilizumab, un nouveau médicament pourrait être efficace contre le coronavirus : la chlorpromazine, un puissant neuroleptique. Pour l'instant les chercheurs ne sont sûrs que d'une seule chose, si vous prenez les trois à la fois vos souffrances seront abrégées.

*

Devant le manque de test en France, le gouvernement a décidé de dresser des chiens pour dépister le Covid-19. Olivier Véran a déclaré : « Après le coton-tige dans le nez on vous propose la truffe dans le cul ! »

*

Distanciation sociale dans les avions : Air France décide de faire voyager des passagers sur les ailes à un mètre de distance pour que les vols restent rentables économiquement.

*

Ne pas prêter son biberon, ne pas faire de câlin à son copain, jouer avec les autres à plus d'un mètre. Les parents n'ont plus qu'une semaine pour apprendre les gestes barrières à leur bébé qui doit retourner à la crèche à partir du 11 mai...

*

Culture : l'annulation des festivals et des spectacles cet été n'est pas seulement dû au Covid-19 selon le ministère de la Culture. C'est juste qu'au niveau des applaudissements les Français auraient déjà tout donné depuis deux mois à 20 heures.

*

Canal+ diffuse ce soir le film « Une fille facile » avec Zahia. Sur Instagram, on peut aussi la voir à poil sur son balcon et sans abonnement.

*

Après les gestes barrières, le gouvernement demande de respecter de nouvelles règles de savoir-vivre. Par exemple, quand quelqu'un éternue on ne doit plus dire « À vos souhaits » mais « Amen ».

*

Communiqué officiel signé Valéry Giscard d'Estaing, ex-président de la République française. Il tient à remercier la journaliste allemande qui l'accuse d'agression sexuelle à 94 ans : il ne s'attendait pas à une reconnaissance aussi inespérée.

*

Valéry Giscard d'Estaing accusé d'avoir mis une main au cul à une journaliste allemande. Adèle Haenel réclame la déclaration d'une Troisième Guerre mondiale.

*

Emmanuel Macron fête aujourd'hui ses trois ans à l'Élysée. Pour marquer le coup, habillé en gilet jaune, il soufflera sur un gâteau à la chloroquine, d'où sortira Alexandre Benalla.

*

À 94 ans, VGE est accusé d'agression sexuelle. C'était pour prouver qu'il n'était pas seulement dur d'oreille.

*

L'ex-président de la République, Valéry Giscard d'Estaing a tenu à réagir aux accusations de la journaliste allemande : « Oui, VGE veut bien dire : Vieille Gaule Excitée. »

*

Réouverture des hôtels-restaurant : Édouard Philippe a fait un geste Barrière, le Fouquet's et tous les établissements du groupe pourront rouvrir dès lundi.

*

Pré-rentrée scolaire : hier, le petit Franck Riester était bien à l'école avec ses cahiers et stylos pour noter ce que disait le professeur Macron. Les cours d'humiliation reprendront lundi.

*

Les Brigades sanitaires seront prêtes dès lundi : faciles à reconnaître, elles auront un thermomètre à la ceinture ainsi qu'un pistolet à gel hydroalcoolique et une cartouchière de cotons-tiges. Attention à ne pas les approcher sans autorisation à moins d'un mètre, sinon ils auront le droit d'utiliser leur lanceur de suppositoires de défense.

*

Retour des enfants à l'école : après cinquante-cinq jours de confinements, 45 % des parents ont décidé de remettre leurs enfants à l'école. En revanche, seulement 11 % retourneront les chercher.

*

Déconfinement : selon une étude, après cinquante-cinq jours de confinement, 65 % des Français ont oublié de prendre une douche ce matin avant d'aller au travail et sont arrivés au bureau en pyjama.

*

Édouard Philippe a expliqué que les 100 km de distance autorisés seront calculés à vol d'oiseau. Dès 20 heures dimanche soir, après les applaudissements, chacun pourra partir depuis sa fenêtre.

*

Décès de Little Richard : le ministre de la Culture, Franck Riester, aurait envoyé par erreur un message de condoléances à la femme de Richard Cocciante.

*

« Cinquante-cinq jours de confinement avec un grand soleil et le premier jour du déconfinement : il pleut ! » Le gouvernement n'est vraiment pas à la hauteur de l'événement, a déclaré ce matin Nadine Morano.

*

Olivier Marchal a été choisi par Universal pour tourner le biopic de Johnny Hallyday. Laeticia Hallyday qui a donné son accord jouera le rôle de Sylvie, Catherine Deneuve, Adeline, Babeth, Nathalie Baye et même Laura Smet.

*

Des traces de Covid-19 auraient été découvertes dans le sperme d'un malade. Du coup l'OMS préconise l'usage du casque intégral pour les adeptes de l'éjaculation faciale.

*

Déconfinement : entre le port du masque à cause du coronavirus et le port de la capuche à cause de la pluie, Xavier Dupont de Ligonnès peut ressortir tranquille !

*

Distances de sécurité : c'est 1 mètre en France et 1 mètre 50 en Allemagne. La différence, c'est la bite à Giscard !

*

Roland-Garros se jouera peut-être à huis clos. Sans public, les tennismen français sont inquiets : en effet, s'ils ne voient pas le public tourner la tête à chaque échange, comment sauront-ils de quel côté se trouve la balle ?

*

Masques en tissu offerts par la Mairie de Paris : ils ne sont pas très efficaces mais si vous voulez vous moucher dans une vieille robe d'Anne Hidalgo, c'est l'idéal.

*

Un robot-chien en patrouille à Singapour pour faire respecter les distances de sécurité dans les parcs et jardins : résultat, si vous marchez sur une crotte, c'est de la fiente fiction.

*

Les salons de coiffure ont fait le plein hier. Il faut dire que les bars étant toujours fermés, on va chez le coiffeur pour se réunir autour d'une coupe.

*

Accident de chasse : hier, un homme a été abattu par des chasseurs, il a été confondu avec un canard alors qu'il effectuait ses 100 km à vol d'oiseau.

*

Civette Ndiaye, la porte-cigarettes du gouvernement, a été surprise en train de cloper. On savait que la meuf était sans filtre et on savait que ses explications étaient souvent fumeuses. On sait maintenant pourquoi.

*

Air France va contrôler la température de ses passagers. Une fois en vol toute personne dépassant les 38 degrés sera immédiatement jetée de l'avion sans parachute.

*

Port du masque obligatoire : selon une étude, 98 % des gens souffrant de mauvaise haleine comprennent enfin ce qu'ils ont pu faire endurer aux autres durant toutes ces années.

*

Politique : le président des républicains, Christian Jacob, a rassemblé hier tous les cadres du parti pour prendre une décision importante pour l'avenir de la droite : faut-il prévenir Nadine Morano que le confinement a été levé ?

*

La porte-parole du gouvernement, Sibeth Ndiaye a été filmé par BFM en train de fumer dans son bureau. Marlène Schiappa n'a pas encore réagi à cette main au paquet en direct.

*

Aux États-Unis, c'est le général Cluster qui commandera les brigades sanitaires contre le coronavirus.

*

2e tour des Municipales. Le gouvernement, devant la pression des autres partis a décidé de trancher : pour éviter une deuxième vague de contamination avec de nouvelles élections, tous les candidats de La République en marche seront directement élus.

*

Déconfinement : une mouette a été verbalisée sur une plage. Elle volait à plus de 100 km à marche de piéton de son nid d'origine.

*

Le gouvernement a annoncé hier qu'un hommage sera rendu aux soignants le 14 Juillet prochain. En revanche, le gouvernement n'a pas encore tranché pour savoir si celles qui ont couché avec un jogger seront tondues en public.

*

En multipliant les plans d'aide, pour les entreprises, pour les artisans, pour les chômeurs, pour les compagnies aériennes, etc. Le ministre de l'Économie, Bruno Le Maire, vient de lancer une cagnotte Leetchi pour aider le gouvernement à financer ses aides. 38 euros ont déjà été récoltés.

*

Insolite : Orange a dû couper la ligne téléphonique d'une concierge qui continuait à appeler la police pour dénoncer les habitants de l'immeuble qui sortaient de chez eux. Elle n'était pas au courant du déconfinement.

*

On aurait enfin une explication au fait que la journaliste allemande qui porte plainte contre Giscard n'ait pas réussi toute seule à repousser la main au cul d'un nonagénaire. Elle aurait, en fait, elle-même 132 ans !

*

Mireille Mathieu continue sa carrière à l'international. En effet, grâce à sa chanson « Les Mille colombes », elle peut se déplacer dans un rayon de 100 000 km à vol d'oiseau.

*

La marque SEB va commercialiser un vélo électrique : dès que vous serez cuit, le vélo sifflera.

*

Les zoos ont eu une dérogation pour rouvrir ce week-end en France. Brigitte Macron est allée voir le Panda dont elle est la marraine. Elle lui a montré une photo de la barbe d'Édouard Philippe pour lui rappeler son papa.

*

Pendant la cérémonie hommage au général de Gaulle, Xavier Bertrand a refusé d'enlever son masque. Il a eu raison sinon personne n'aurait su qui il était.

*

Première en France depuis 1989. Une femme a mis au monde des sextuplés : 5 filles et un garçon. Dès leur naissance, ils ont été immédiatement verbalisés pour non-respect de la distanciation physique pendant 9 mois !

*

Nouvelle garde à vue pour Alexandre Benalla. Alors qu'il faisait ses courses, l'ex-chef de la sécurité du président a vu une personne ne pas tousser dans son coude. Pour lui apprendre à respecter les gestes barrières il lui a mis le sien plusieurs fois dans la gueule. Résultat : multiples fractures du visage pour le client et incrustation définitive du masque au niveau des maxillaires inférieurs.

*

Ségolène Royal appelle à l'apaisement politique. Elle aurait déclaré : « Le temps n'est plus aux querelles, tant qu'on ne sait pas si je serais dans le prochain gouvernement. »

*

En hommage à Michel Piccoli, C8 va rediffuser ce soir les films : *Mon curé chez les nudistes*, *On boit frais à Saint-Tropez* et *On n'est pas sorti de l'Auberge*.

*

Le ministère de la Culture tient à s'excuser auprès de la famille de Daniel Picouly pour les condoléances qu'ils ont reçues par erreur. Franck Riester tient à préciser qu'il se rendra lui-même aux obsèques de Pierre Arditi.

*

Emmanuel Macron et Angela Merkel ont décidé de débloquer 500 milliards. On ne sait pas où ils trouvent tout cet argent d'un seul coup mais le président grec a déclaré : « On aimerait qu'ils débloquent plus souvent. »

*

Les scientifiques en sont sûrs désormais : le coronavirus est sensible à la chaleur à partir de 60 degrés. Du coup, en plus du port du masque, le gouvernement préconise le port du radiateur sans fil pour tous les Français.

*

Communiqué du Conseil de la santé : si votre masque fond après chaque repas, consultez un gastro-entérologue d'urgence, vous souffrez de remontées acides sévères.

*

Aujourd'hui, c'est la journée mondiale des abeilles. François Bayrou, Dany Boon et le prince Charles ont accepté d'en être les parrains en fournissant 300 kg de miel, rien qu'avec leurs oreilles.

*

La chloroquine ne fonctionne pas sur les cas graves de coronavirus, en revanche, le professeur Raoult a tenu à rappeler que la chloroquine est très efficace si vous êtes en pleine forme.

*

Coronavirus : le délai d'attente pour obtenir une place en EHPAD est passé de deux mois à deux minutes.

*

Invasion de moustiques tigres en France : le ministère de la Santé publie de nouveaux gestes barrières : pas d'eau stagnante, bougies et baume à la citronnelle et surtout ne pas taper trop fort quand il se pose sur vos couilles.

*

Disparition de Jean-Loup Dabadie : le ministre de la Culture a envoyé un télégramme de condoléances à Axelle Abbadie, Laurence Badie et Ali Baddou pour être certain de n'avoir oublié personne.

*

Nouvelle phase de déconfinement le 2 juin : après les 100 km à vol d'oiseau le gouvernement annonce qu'on pourra maintenant grimper dans les arbres pour chier sur les passants.

*

Municipale à Paris : on ne sait toujours pas si Agnès Buzyn maintient sa candidature. Benjamin Griveaux aurait proposé de reprendre la main.

*

Invasion de moustiques tigres en France : pour faire face à cette menace, le ministère de la Santé a annoncé recruter 2 000 dompteurs.

*

Petit rappel : si vous ne portez pas de masque dans les transports en commun, vous pouvez avoir une amende de 135 euros. Si vous jetez votre masque par terre, c'est 300 euros. Si vous vous en servez comme lance-pierre, c'est 500 euros pour votre père, s'il est vitrier.

*

Le tournoi de Roland-Garros aurait normalement dû débuter ce week-end. Par habitude, Jo-Wielfried Tsonga s'est blessé ce matin en se levant de son canapé.

*

Emmanuel Macron, après avoir téléphoné à Philippe de Villiers, Éric Zemmour, Patrick Sébastien et Jean-Marie Bigard, va appeler aujourd'hui les Chevaliers du Fiel pour savoir si le duo veut faire la première partie du Puy du Fou.

*

À cause du port du masque, on ne voit plus le sourire des gens ou les expressions du visage. Mais d'après une étude réalisée par la Mairie de Paris, sous le masque, les Parisiens continuent à faire la gueule !

*

Ça y est, c'est officiel, Agnès Buzyn a déclaré qu'elle restait candidate pour le deuxième tour des municipales afin de terminer sa campagne. Dans un premier temps, elle avait dit « achever » sa campagne, puis elle a rectifié.

*

Municipale à Paris : Rachida Dati se dit favorable au vote par correspondance. Elle propose même aux électeurs d'envoyer leur bulletin directement chez elle et de s'occuper personnellement du dépouillement.

*

347 723 morts du coronavirus dans le monde… le pangolin passe devant le requin blanc, le crocodile et le boa constrictor dans le classement des animaux dangereux.

*

L'Énigme de la chambre 622 de Joël Dicker, 570 pages, *La Vallée* de Bernard Minier, 450 pages, *La vie est un roman* de Guillaume Musso, 304 pages, vont sortir en librairie. L'Association des Critiques de France demande un reconfinement pour avoir le temps de les lire.

*

Emmanuel Macron va débloquer 8 milliards d'euros pour l'automobile. Carlos Ghosn aurait déjà envoyé son RIB au président de la République.

*

Port du masque : les frères Bogdanov ont contacté une société de masques pour qu'elle décide d'en fabriquer des sur mesure.

*

Hier, sur LCI, le professeur Raoult aurait remis des hormones de croissance à David Pujadas en lui jurant que ça pouvait marcher.

*

Disparition de Mady Mesplé : le ministre de la Culture, Franck Riester, a envoyé un télégramme de condoléances à l'usine de lait concentré.

*

Décès de l'artiste Christo : l'employé des pompes funèbres qui a emballé le corps sera exposé à la Foire internationale d'Art contemporain l'année prochaine.

*

Appli « Stop Covid » : si vous croisez une personne porteuse du Covid-19 qui vous plaît, vous pouvez sélectionner son profil. En cas de crush, c'est le gouvernement qui fournira les masques, le gel et les préservatifs.

*

La SPA attaque les époux Balkany pour maltraitance animale. Leur chien vient d'être retrouvé dans une niche fiscale.

*

Cédric Villani confirme qu'il maintient sa candidature à Paris ; l'ordre de mathématiciens a donc décidé de lui enlever sa médaille Fields pour mauvais calcul de probabilité.

*

Manifestation contre les violences policières à Paris : il y avait 1 000 personnes selon Christophe Castaner, 200 000 selon Camélia Jordana.

*

Port du masque obligatoire dans les restaurants : un homme est mort étouffé en mangeant une saucisse sans retirer son masque.

*

Candidature de Jean-Marie Bigard : la future première dame, Lola Marois, prendrait actuellement des cours de maintien auprès de Carla Bruni. Elles auraient même déjà commencé à fumer des pétards ensemble.

*

La chanson de Johnny Hallyday « Noir c'est noir, il n'y a plus d'espoir ohoh » est devenue l'hymne officiel des manifestants aux États-Unis. L'avocat de Lætitia Hallyday aurait écrit à la famille de George Floyd pour qu'ils payent les droits.

*

Hier les Parisiens ont pu se retrouver en terrasse des bars et restaurants avec un mètre entre chaque table. Des clients qui se passaient le sel d'une table à l'autre ont été verbalisés par une amende de 135 euros.

*

Réouverture des discothèques : Christophe Castaner aurait été vu cette nuit en train de danser sur Camélia Jordana au Cœur Samba rue La Boétie.

*

Donald Trump a défendu la Police américaine hier en déclarant qu'il n'y avait pas de racisme anti-noir. Il a même ajouté : « On n'aime pas les jaunes et les basanés non plus ! »

*

Économie : selon une étude, si on a une canicule cet été, juste après le coronavirus du printemps, 60 % des EHPAD pourraient définitivement fermer en septembre.

*

Réouverture des musées : au Louvre, des bras ont été ajoutés à la Vénus de Milo pour qu'elle puisse enfiler son masque.

*

Vente chez Artcurial : le livre de Woody Allen dédicacé à Adèle Haenel et Florence Foresti a atteint 250 000 euros hier lors d'enchères privées.

*

L'interview exclusive du professeur Raoult qui devait être diffusée aujourd'hui sur BFM sera diffusée mercredi entre l'interview de mardi et l'interview de jeudi, l'interview d'hier n'ayant pu être diffusée étant diffusée cette après-midi.

*

En cas de deuxième vague, Emmanuel Macron a déjà annoncé qu'il prendrait Brice de Nice comme ministre de la Santé.

*

Violences policières : le ministre de l'Intérieur, Christophe Castaner, a prévenu hier les forces de l'ordre que tout acte raciste sera sévèrement sanctionné. Il demande aux policiers de taper aussi fort sur les blancs que sur les noirs.

*

Brune Poirson, la secrétaire d'État à la transition écologique a annoncé faire passer l'amende de 68 à 135 euros, quand on jette son masque par terre. En revanche si on le jette en l'air, le PV restera à 68 euros.

*

Accident à Notre-Dame : un ouvrier zélé qui démontait l'échafaudage a retiré trop de clous ; le Christ est tombé par terre.

*

François Hollande interrogé sur son avenir par un média italien s'est porté candidat pour la présidentielle 2022. Il a déclaré : « Je suis plus drôle que Jean-Marie Bigard et je suis meilleur au lit qu'Afida Turner. »

*

Ségolène Royal a été vue hier posant un genou à terre devant l'Élysée pour dénoncer les violences politiques faites aux femmes, n'ayant toujours pas été appelée par Emmanuel Macron pour prendre la place d'Édouard Philippe à Matignon.

*

Sport : après les moteurs électriques cachés sur les vélos des cyclistes, une bouteille d'oxygène a été découverte, cachée dans l'anus d'un champion d'apnée.

*

CNews tient à présenter ses excuses à ses télé-spectateurs. La traduction de la phrase « Black Lives Matter » par Éric Zemmour : « Il faut savoir mater les noirs » n'était pas la bonne.

*

Communiqué de BFM : le professeur Raoult et la sœur d'Adama Traoré n'étant pas disponibles cet après-midi, c'est la sœur du professeur Raoult qui sera interviewée entre 17 heures et 19 heures.

*

Un ours a été retrouvé abattu dans les Pyrénées : l'interview exclusive de Nicolas et Pimprenelle sur BFM ne pourra pas être réalisée par Bruce Toussaint parce qu'il ne pourra pas être objectif.

*

Le Dalaï-Lama en tournée dans le monde entier pour la sortie de son premier album se serait battu hier soir dans l'aéroport d'Orly avec le rappeur Abd al Malik parce qu'ils n'étaient pas d'accord sur la façon de prôner la non-violence.

*

Afida Turner candidate à la présidentielle de 2022 : comme quoi faut pas sucer Jean-Marie Bigard, il est contagieux !

*

Généralisation du Taser dans la Police. Christophe Castaner débloque 10 millions d'euros pour le budget piles des unités de terrain.

*

Déboulonnage des statues : le Lion de Belfort, place Denfert-Rochereau a été déboulonné cette nuit par des militants écologistes, pour être relâché dans la savane africaine.

*

Emmanuel Macron a annoncé qu'il allait à nouveau s'adresser aux Français au mois de juillet, mais ce sera juste pour leur demander s'ils n'ont pas trop chaud et si l'eau est bonne.

*

Johnny Hallyday aurait eu 77 ans aujourd'hui : Lætica Hallyday déposera une gerbe de fleurs devant la SACEM.

*

Justice : il aura fallu un quart de siècle pour juger le financement illégal de la campagne d'Édouard Balladur à la présidentielle de 1995. En cas d'appel, un nouveau verdict sera rendu en 2045 et alors pourra commencer le procès d'Édouard Balladur lui-même de 2045 à 2090.

*

Émeutes, violences et guerre des gangs à Joinville-le-Pont : la chanson « À Joinville-le-Pont, pon-pon, tous deux nous iront ron-ron chez Tchétchène » sera désormais interdite dans les bals musettes.

*

La commission d'enquête sur la gestion du coronavirus sera présidée par Mme Brigitte Bourguignon. Le ministre de l'Éducation Jean-Michel Blanquette a déclaré avoir hâte de la rencontrer.

*

Après avoir vu la vidéo d'une infirmière tirée par les cheveux par des CRS, on a pu voir une deuxième vidéo où on voyait la même infirmière caillasser les CRS. Twitter annonce que désormais chaque vidéo sera numérotée pour qu'on sache dans quel ordre il faut les regarder.

*

Élections municipales à Marseille : la candidate des républicains aurait promis de la chloroquine contre toute procuration. Le professeur Raoult tient à faire savoir qu'il n'arrivera pas à fournir tout le monde.

*

Célébration du 80e anniversaire de l'appel du 18 Juin : Marine Le Pen tient à faire savoir que si son père Jean-Marie préfère aller fleurir la tombe de Pétain sur l'île d'Yeu parce qu'il n'en a qu'un, elle est allée sur l'île de Sein parce qu'elle en a deux.

*

Un élevage de canards à col vert a été décimé en région parisienne. Un mot a été laissé par les vandales : « Tant qu'on n'aura pas enlevé toutes les statues à M. ColVert, on abattra aussi ses canards. »

*

C'est officiel : Roland-Garros se jouera du 28 septembre au 11 octobre. Les jeunes ramasseurs de balle étant à l'école à cette période, ce sont des chiens issus de la SPA qui devront rapporter les balles aux joueurs.

*

Disparition de Roger Borniche : le ministre de la Culture, Franck Riester a adressé ses condoléances à l'actrice Juliette Binoche qui – je cite – fait partie des proches.

*

Municipales à Paris : voici la dernière blague qui circule dans le camp d'Annie Dingo : à cause du système de reconnaissance faciale, ça fait trois ans que Rachida Dati n'a pas pu ouvrir son téléphone portable.

*

Le ministre de la Culture, Franck Riester, était à RTL ce matin. À l'heure qu'il est, il y est encore. En effet, il est tellement transparent que la porte automatique de sortie ne s'est toujours pas ouverte.

*

Télévision : c'est Jean-Pierre Fuca qui animera dès la rentrée l'émission « Silence, ça pousse », Une émission consacrée exclusivement à la constipation.

*

Scandale à l'entrée du ministère de la Culture : Emmanuelle Béart venue présenter l'album hommage à son père a été confondue avec le chef indien Raoni.

*

Réouverture des discothèques : d'après une fuite venant du ministère de l'Intérieur, ce serait sur une décision de Mme Castaner qu'elles seraient toujours fermées.

*

La chanteuse Mireille Mathieu a été interpellée vendredi à Paris pour « refus d'obtempérer aggravé », « outrage sur personne dépositaire de l'autorité publique » et « rébellion ». Elle était en train de se battre avec Patricia Kaas pour une date de concert à Moscou.

*

Scoop : un Dumontet d'honneur a été remis hier par Jean-Marc Dumontet à Franck Riester, ex-ministre de la Culture, lors de la 32e Cérémonie des Dumontet.

*

Drame de la circulation : à force de baisser la vitesse sur les routes, un automobiliste roulait tellement lentement qu'il a été écrasé par un hérisson qui traversait.

*

Christophe Castaner et Camélia Jordana auraient été aperçus main dans la main lors de la fête de la musique avant d'être rejoints par Florence Foresti et Roman Polanski. Les deux couples auraient alors décidé de se retrouver dans une chambre d'hôtel pour une soirée échangiste. D'après Twitter, l'information reste à confirmer.

*

32e Cérémonie des Molières : le Pulitzer de la photographie a été remis au photographe qui a réussi à faire la photo d'un acteur sans qu'on y voie Jean-Marc Dumontet.

*

Reprise des cours dans les écoles : Jean-Michel Blanquer renonce à ce qu'il y ait un maître entre chaque élève.

*

Emmanuel Macron a décidé de consulter les anciens présidents : il a reçu Nicolas Sarkozy hier. Il recevra François Hollande vendredi et il attend que Brigitte parte en vacances avant de faire venir Giscard d'Estaing.

*

Conseil du ministère de l'Agriculture : si vous voulez trouver un bon melon, c'est facile il dirige l'Institut hospitalo-universitaire de Marseille.

*

Fermeture des clubs libertins au Cap d'Agde, pour cause de pandémie. Le ministre de l'Intérieur Gérald Darmanin a déclaré : « J'irai vérifier moi-même. »

*

Port du masque obligatoire en entreprise : attention, ça peut être dangereux ; ce matin Karine Le Marchand a dit : « Bonjour enculé ! » à Nicolas de Tavernost en le prenant pour Laurent Baffie.

*

Scoop : c'est Benjamin Griveaux qui aurait soufflé à Emmanuel Macron l'idée d'engager Jean « Cache-sexe » à Matignon.

*

Le Conseil scientifique Covid-19 présidé par Jean-François Défraîchi tient à faire savoir que comme il n'y a plus assez de morts depuis le début de l'été, on nous annonce quotidiennement le nombre de simples contaminations et au cas où il n'y aurait plus assez de contaminations en septembre, il est prévu de nous annoncer le nombre de cas qui aurait pu être contaminés.

*

Après avoir vu *Les Reines du shopping*, le nouveau Premier ministre Jean Castex aurait contacté Cristina Cordula pour moderniser son look. Hélas M6 n'avait pas le budget.

*

Rentrée des classes : Brigitte Macron aurait fait savoir à Jean-Michel Blanquer qu'elle était fermement opposée à la distanciation entre professeurs et élèves dans les lycées.

*

Rien que pour emmerder le professeur Raoult, Jean-François Défraîchi, président du Conseil scientifique Covid-19, a proposé la fabrication d'un masque géant pour qu'on n'entende plus du tout les Bouches-du-Rhône.

*

Le nouveau président de la République, Jean-François Delfraissy, qui a réussi à gouverner la France sans se faire élire a annoncé hier qu'il sortirait désormais lui-même avec une kalachnikov pour abattre ceux qui ne porteraient pas de masque.

*

« L'opposant russe Alexeï Navalny a bien été empoisonné » ont confirmé les médecins allemands mais comme c'est un avion Air France avec repas à bord, qui l'a emmené de Russie jusqu'à Berlin, on ne sait pas quand a eu lieu l'empoisonnement.

*

Le candidat Mister France qui a été exclu parce qu'il avait montré ses couilles pour lutter contre le cancer de la prostate sera reçu par Marlène Schiappa au ministère de l'Intérieur.

*

Lionel Messi pourrait quitter Barcelone pour Paris. L'échange avec Manuel Valls étant pour l'instant en notre faveur, on leur enverra aussi : Mbappé, Neymar, Di Maria, Verratti, Kimpembe, Marquinhos et Anne Hidalgo.

*

Le premier spectateur qui aura compris l'intrigue du film *Tenet* de Christopher Nolan est prié de se présenter immédiatement au Conseil scientifique Covid-19 pour remplacer tous les médecins qui n'ont rien compris à l'épidémie.

*

Le nouveau président de la République, Jean-François Delfraissy, qui remplace Emmanuel Macron suite à un putsch médical, aurait abattu lui-même hier soir à Marseille 10 jeunes qui continuaient à s'embrasser alors qu'il était 23 h 02.

*

Le professeur Raoult a décidé de quitter la France pour installer son laboratoire en Italie à Parme. Il pense qu'un jambon ira très bien avec son melon.

*

Rentrée des classes : le ministre de l'Éducation, Jean-Michel Blanquer, a annoncé aujourd'hui que la liste des fournitures scolaires comprendra, en plus des cahiers et des classeurs, une boîte de masques jetables à petits carreaux, une bouteille de gel hydroalcoolique grand format et trois suppositoires de chloroquine petit format.

*

Mimie Mathy et Passe-Partout ont déclaré hier à l'AFP que dans le titre *Les dix petits Nègres*, d'Agatha Christie, c'est le mot « petit » qu'il fallait enlever.

*

Le président du Paris-Saint-Germain a officiellement répondu : « Mais non », à la question : « Avez-vous les moyens de vous payer Messi ? »

*

On a enfin l'explication aux files d'attente qu'on voit à la télévision pour la signature du livre de Nicolas Sarkozy. L'ex-président de la République ne choisit que des librairies à côté d'un laboratoire et a fait poser dans la vitrine une affiche : *Vaccin Gratuit.*

*

Contrairement à l'application « Stop Covid » qui vous prévient quand vous avez croisé un malade du Covid, l'application « Stop Con » qui vous prévient quand vous avez croisé un con va être désactivée. Contrairement à l'autre, elle marche trop bien.

*

Gros succès du Festival Cinéma d'Angoulême : certaines actrices habituées à Cannes, Venise et Deauville seraient toujours en train de chercher la plage.

*

Le chef Raoni infecté par le coronavirus a été hospitalisé. On se demande bien ce qu'il foutait à Ibiza avec les joueurs du Paris-Saint-Germain.

*

François Bayrou est de retour. C'est pour se moquer de lui qu'Emmanuel Macron l'a nommé haut commissaire au Plan Plan !

*

Chasse à la glue : personne n'arriverait à décoller Nathalie Loiseau de son siège au Parlement européen.

*

Suspicion de cas positifs au PSG : c'est officiel les joueurs parisiens sont plus doués pour ramener un virus d'Ibiza qu'une coupe d'Europe du Portugal.

*

Suite aux nombreux cas de Covid dans les clubs de football de la Ligue 1, la ministre des Sports demande à Zahia de se faire tester au plus vite.

*

C'est officiel l'élection Miss France se déroulera dans le parc du Puy du Fou. Le traditionnel défilé en maillot de bain sera remplacé par un défilé en armure et les 4 Miss finalistes devront se départager lors d'un combat à l'épée.

*

Depuis fin juillet on peut payer ses impôts chez les buralistes. C'est très simple, vous prenez un ticket, vous grattez et vous devez payer la somme découverte. Bercy a prévenu : « Contrairement aux autres jeux à gratter, là tous les tickets sont gagnants. »

*

Kylian Mbappé est le 7e joueur du PSG contaminé. Le professeur Raoult, supporter de l'OM, estime qu'il faut abattre tout le troupeau.

*

C'est Marine Le Pen elle-même qui animera désormais la tranche 5 heures/8 heures du matin sur CNews avec une émission intitulée : « Français, réveillez-vous. »

*

Psychose dans le milieu équestre : les spécialistes es-tiercé vont être remplacés par des spécialistes es-quinté dans les courses de Paris Mutilé Urbain.

*

Le Tour de France passe aujourd'hui de l'île d'Oléron à l'île de Ré. Les premiers pédalos devraient arriver vers 16 h 45 sauf noyade. Le maillot du meilleur nageur sera remis à tous les rescapés.

*

Le président de la République, Jean-François Delfraissy, toujours au pouvoir depuis son putsch médical de mars dernier nous informe qu'il n'y a eu que trois morts du coronavirus hier et lance un appel : « Si tous les cas asymptomatiques voulaient bien se donner la main, on arriverait peut-être enfin à cette deuxième vague avant que François Baroin ne se déclare. »

*

Affaire des chevaux mutilés : le suspect qui était en garde à vue et qui a été libéré serait un zoophile. Son identité n'a pas encore été révélée. On sait juste qu'il se prénommerait Thomas, d'où l'expression « Laisse Thomas dans l'Étalon ».

*

Le patron du Tour de France a été testé positif au coronavirus qu'il aurait ensuite refilé au Premier ministre Jean Castex qui lui-même l'aurait refilé à Emmanuel Macron qui l'aurait refilé à Brigitte qui l'aurait refilé à Bernard Montiel qui lui-même l'aurait refilé à Cyril Hanouna qui l'aurait refilé à Éric Naulleau qui l'aurait refilé à Éric Zemmour… Enfin, une bonne nouvelle !

*

Nouvelle promotion chez Leclerc : pour deux livres de Lionel Jospin achetés, un livre de Nicolas Sarkozy gratuit. Sans compter qu'à la caisse, on vous propose une réduction pour la prochaine BD de François Hollande.

*

Jean Dujardin va incarner Nicolas Sarkozy au cinéma. Peut-être pour la suite des aventures du Petit Nicolas : *Le Petit Nicolas en Prison.*

*

Jean-François Delfraissy, président de la République depuis son putsch médical de mars dernier, a annoncé l'abandon du port du masque au profit du port du scaphandre intégral. Il a aussi annoncé mettre en place un couvre-feu dès 8 heures du matin avec autorisation aux forces de l'ordre d'abattre sur-le-champ tous les contrevenants. Pour faciliter les tests et éviter les files d'attente, il a demandé aux Français de faire un effort et d'envoyer directement leur nez par la poste aux laboratoires. Sinon, lui, il va bien.

*

Jean-Marie Bigard confirme sa candidature à l'Élysée. À la place du masque, c'est le port du slip kangourou qui sera obligatoire.

*

Nafissatou Diallo en une de *Paris Match* ! DSK répondra la semaine prochaine dans *Salle de bains Magazine* et Anne Sinclair dans *La Croix.*

*

La députée LREM, Céline Calvez, veut que la presse écrite comptabilise les femmes mentionnées dans leurs articles et apparaissant sur les photos. Elle propose même un système de bonus pour favoriser la parité. Les magazines *Lui*, *Playboy* et *Hot Vidéo* sont les grands gagnants de cette proposition de loi et attendent avec impatience leurs cadeaux bonus.

*

Le ministère de l'Agriculture a enfin décidé de réagir énergiquement à l'affaire des chevaux mutilés. Ils auront droit à une place dans le Métro et dans chaque wagon de la SNCF.

*

Kim Kardashian arrête son émission. Ce sont les médecins qui ont tiré la sonnette d'alarme. Après plus de quatorze ans dans une téléréalité, son cerveau présenterait des lésions irrémédiables.

*

Les rassemblements de six personnes et plus pourraient bientôt être interdits afin d'enrayer l'épidémie. La Fête de la Rose du Parti Socialiste pourra donc avoir lieu normalement.

*

Le président de la République, Jean-François Delfraissy, au pouvoir depuis mars dernier, a annoncé hier soir que toutes les familles ou groupes d'amis qui se réuniraient malgré l'interdiction seraient fusillés chaque soir à 19 h 30, de manière à avoir suffisamment de morts du Covid à annoncer au vingt heures.

*

Le maire écologiste de Bordeaux, après vouloir supprimer les sapins à Noël pour lutter contre la déforestation, a décidé d'interdire les glaçons dans les bistrots pour lutter contre la disparition de la banquise.

*

Suite à la nomination de François Bayrou comme commissaire au plan, Benjamin Griveaux sera nommé cette semaine commissaire au plan cul.

*

Pour relancer l'intérêt du Tour de France, des chasseurs alpins ont été engagés afin d'abattre les deux ours slovènes qui sont actuellement en tête de la course.

*

Manifestation des gilets jaunes à Paris ce week-end : ils étaient 2500 selon le ministère de l'Intérieur, 5 000 selon Jérôme Rodriguez et 50 000 spectateurs en plus selon Jean-Marie Bigard.

*

Ségolène Royal qui a félicité hier le gouvernement pour sa gestion du Covid est revenue aujourd'hui sur ses propos et trouve que finalement leurs mesures sont nulles puisque personne ne l'a appelée entre-temps pour lui proposer un poste.

*

Nicolas Sarkozy en dédicace aujourd'hui à Paris propose d'offrir pour tout achat de son livre un exemplaire du livre d'Agatha Christie, *Les dix petits bamboulas.*

*

Jean-François Delfraissy, président du Conseil scientifique Covid-19, a tenu à tester lui-même Jean Castex. Malheureusement, ayant trop enfoncé le coton-tige dans le nez du Premier ministre, ce dernier a été hospitalisé d'urgence. Pour s'excuser, Jean-François Delfraissy a tenu à prendre sa place à Matignon. Il propose maintenant de tester lui-même Emmanuel Macron.

*

Des nouvelles de Valéry Giscard d'Estaing hospitalisé : il va mieux ; 5 infirmières, 5 mains au cul pendant la nuit.

*

Nicolas Sarkozy ne comprend pas la polémique et rappelle que dans le titre d'Agatha Christie *Les dix petits Nègres*, l'insulte c'est « petits ».

*

Jean-Pierre Pernaut va quitter le 13 heures de TF1 après trente-deux ans. Pour ne pas trop déstabiliser les téléspectateurs, il devrait être remplacé par Brice Hortefeux.

*

Réaction autour du débat 5G : Macha Méril estime qu'avec 3 ou 4, on peut déjà s'estimer heureuse.

*

Jean-François Delfraissy a lancé un appel hier à Xavier Dupont de Ligonnès pour qu'il revienne au plus vite, en lui assurant qu'il ne serait pas poursuivi. Le président du Conseil scientifique Covid-19 veut en effet lui confier un poste important au sein de son cabinet : le bureau de lutte contre les réunions de famille.

*

Hier, Emmanuel Macron a suivi la 17e étape du tour de France. Après avoir vu le leader du tour, il a aussitôt appelé le préfet Lallemend pour lui signaler qu'il était hors de question qu'on laisse entrer un gilet jaune sur les Champs-Élysées.

*

Suite aux déclarations d'Emmanuel Macron à propos de la 5G et de la lampe à huile, l'actrice Alexandra « Lamish » a décidé de porter plainte pour discrimination.

*

Jean-François Delfraissy déclare que certes « les cas contacts des cas contacts ne sont pas des cas contacts » mais les cas contacts des cas contacts des cas contacts sont eux des cas contacts et qu'il faut donc rester chez soi. C'est un ordre !

*

Jean-François Delfraissy, président du Conseil scientifique qui trouve que le gouvernement n'en fait pas assez contre le coronavirus, propose que chaque jeune entre 15 et 25 ans qui sera surpris dehors après 20 heures soit amputé des deux bras pour limiter les contacts et faire des économies de gel hydroalcoolique.

*

Incident à l'Assemblée nationale : quand la députée Anne-Christine Lang a demandé que la jeune étudiante voilée sorte de la salle parce qu'on ne voyait pas son visage, toutes les personnes masquées dont on ne voyait pas le visage non plus, sont sorties en même temps et il n'y avait plus personne !

*

Journées du Patrimoine : Stéphane Bern sera ouvert au public tout le week-end, gratuitement pour 50 euros l'entrée.

*

Afin de relancer sa carrière et montrer qu'elle est restée jeune, Mireille Mathieu fera comme 75 % des chanteuses actuellement, elle avouera son homosexualité demain en confirmant qu'elle est en couple avec Hervé Vilard.

*

Surprise au dernier moment sur le Tour de France : on pensait que c'était un Slovène de 30 ans qui allait gagner et c'est finalement un Slovène de 21 ans qui a gagné. Quand un Slovène de 4 ans et demi gagnera le Tour, on pourra commencer à avoir des doutes sur le retour du dopage dans la compétition.

*

Jean-François Delfraissy, président du Conseil scientifique Covid, demande expressément, suite à la contamination du ministre Bruno Le Maire, que tous les autres ministres soient abattus sur-le-champ. Il les remplacera tous, tout seul.

*

L'entrée de Rimbaud et Verlaine au Panthéon étant compromise, la ministre de la Culture Roselyne Bachelot a proposé hier que ce soient Jeanfi et Jarry qui les remplacent.

*

Journée de la lutte contre la maladie d'Alzheimer : Matt Pokora a été choisi comme parrain. Mais l'ordre des médecins a tenu à publier un communiqué pour rassurer tout le monde : « Si vous n'avez retenu aucune de ses chansons, vous n'êtes pas forcément atteints. »

*

Nouvelle erreur dans le décompte des morts publiés par Santé Publique France : ce n'était pas 1 253 morts dans les dernières 24 heures mais 53 morts ! C'est le professeur Delfraissy qui en avait rajouté 1 200 au dernier moment, juste pour voir l'effet que ça faisait sur la population. Le comité scientifique espère pouvoir s'amuser encore comme ça jusqu'au 1er avril l'année prochaine.

*

Tenue correcte dans les écoles : Jean-Michel Blanquer décide d'engager Cristina Cordula pour faire des visites surprises dans les écoles et décider qui aura le droit ou pas de porter une jupe aussi courte que celle de Brigitte Macron.

*

Trois professionnels spécialisés dans la lecture labiale viennent de confirmer leur verdict : il n'y a aucune insulte envers un autre président dans la dernière chanson de Carla Bruni.

*

Dopage sur le Tour de France : on vient de démonter les bicyclettes des deux Slovènes présents sur le podium. Pour l'instant il n'y a aucune preuve, parce qu'on n'a pas encore eu le temps de démonter le moteur.

*

Un joueur marseillais ayant peut-être traité Neymar de singe, Nicolas Sarkozy propose que les prochaines traductions du livre d'Agatha Christie s'intitulent : « Les 10 Petits Joueurs du PSG. »

*

Juliette Gréco, interprète de l'Amour et de la Liberté a préféré s'en aller plutôt qu'entendre : « Un petit poisson, un petit oiseau s'aimaient d'amour tendre mais comment s'y prendre mais comment s'y prendre quand on porte un masque. »

*

Nuance de rouge pour la nouvelle carte Covid : les Ephad sont placés en rouge vermeil et les crématoriums en rouge cramoisi.

*

Culture : tous les spectacles d'Anne Roumanoff sont annulés. Ils viennent d'être classés en zone rouge écarlate par le ministère de la Culture.

*

Reprise du championnat de France de Basket après six mois d'interruption : pour éviter les contaminations et respecter la distanciation physique, des équipes composées exclusivement de joueurs de plus de 2 mètres affronteront des équipes de nains de moins d'un mètre.

*

À Paris, les bars et restaurants devront fermer à 22 heures à partir de samedi. Les recherches scientifiques ont en effet prouvé que le Covid-19 était un virus dit « fêtard » et qu'il était en fait plus actif passé 22 heures dans un bar que dans la journée dans un métro bondé.

*

Statistiques officielles : il y a eu en 2018 et 2019 un peu plus de 600 000 morts en France toutes raisons confondues, soit 50 000 morts par mois, soit à peu près 1 600 morts par jour. Il y a actuellement 40 à 50 morts du Covid par jour sans enlever parmi ceux-là, ceux qui seraient peut-être morts de toute façon. Au pic de l'épidémie en avril, il y avait environ 600 morts du Covid par jour. Donc, les 1 000 à 1 550 morts par jour qui ne meurent pas du Covid continuent à se demander pourquoi on emmerde tout le monde pour les 50 autres.

*

Mesures sanitaires exceptionnelles à Roland-Garros qui débute dimanche : le nombre de spectateurs a été abaissé de 5 000 à 1 000 personnes. Le filet a été remplacé par un plexiglass de 3 mètres de haut, la chaise de l'arbitre rehaussée de 2 mètres, le sponsor officiel n'est plus Perrier mais chloroquine et les ramasseurs de balles seront munis de moufles pour les ramasser. Quant aux points, ça ne sera pas 15, 30, 40, mais 15 000, 30 000, 40 000 en hommage aux victimes de l'épidémie.

*

Castex et Casse-Couilles sont dans un bateau, Castex tombe à l'eau. Qui reste-t-il ? Olivier Véran.

*

Le Premier ministre, Jean Castex, était hier soir l'invité de l'émission « Vous avez la Parole ». Pour être raccord avec son style, France 2 avait décidé de diffuser le programme en noir et blanc.

*

Fermeture des bars dès 22 heures à Paris. Pour compenser la perte financière, le gouvernement décide d'avancer officiellement l'heure de l'apéro à 14 heures.

*

À Madrid, un gorille a attaqué et blessé grièvement une gardienne du zoo. On savait que Manuel Valls était à Barcelone, mais on ignorait qu'Alexandre Benalla était à Madrid.

*

Suite à l'attaque terroriste aux abords des anciens locaux de *Charlie Hebdo*, alors que le journal a déménagé depuis cinq ans, on apprend qu'un attentat a été déjoué hier contre le président de la République, Valéry Giscard d'Estaing.

*

Roland-Garros : à cause du froid et de la pluie très présente en septembre-octobre, la finale opposera François Hollande au maire de Cherbourg.

*

Suite à l'attaque au hachoir du terroriste vendredi dernier, Aymeric Caron demande la fermeture de toutes les boucheries dans les zones rouges.

*

Gestes barrières : selon une étude, dans le monde politique on ne se serre plus la main, non pas depuis l'apparition de l'épidémie mais depuis l'affaire Benjamin Griveaux.

*

Une nouvelle tribune « il est urgent de changer de stratégie sanitaire face à la Covid-19 » signée par 250 scientifiques, universitaires et professionnels de la Santé qui estiment que la dérive autoritariste de la politique du gouvernement conduit à des interprétations erronées des données statistiques et à des mesures disproportionnées, n'a pas été publiée hier, comme prévu, dans le *JDD*. Pas plus que dans un seul quotidien aujourd'hui. Pour la lire, il faudra acheter *Nicolas Bedos Magazine* qui sortira en kiosque demain.

*

Ce soir Trump, 74 ans, affrontera Biden, 77 ans, dans un débat télévisé animé par le journaliste Chris Wallace, 72 ans. Le débat sera retransmis sur la chaîne Vivolta de Jérôme Bonaldi.

*

Conclusion des scientifiques américains après le débat Trump, 74 ans, contre Biden, 77 ans : il faut laisser le coronavirus faire son travail sur les plus de 70 ans.

*

Décisions gouvernementales : les animaux vont être libérés des cirques. En revanche, les humains vont à nouveau être tous confinés d'ici quinze jours. Les animaux auront le droit de nous sortir deux fois par jour.

*

Alexandre Benalla est sorti de l'hôpital. En revanche, le pronostic vital de l'infirmier chargé de lui prendre sa température est toujours engagé.

*

L'association des coudes de France a publié un communiqué hier : « Non seulement ça fait six mois qu'on nous tousse dessus, qu'on s'entrechoque avec les autres coudes mais en plus avec la fermeture des bars on ne peut même plus se lever. Stop ! Respectons les coudes ! »

*

Interdiction des animaux sauvages : heureusement une bonne nouvelle pour les cirques, les clowns peuvent rester au Conseil scientifique Covid-19.

*

Cinéma : un documentaire sur la chanteuse de jazz Billie Holiday sort aujourd'hui. Lætitia Holiday engage une procédure judiciaire n'ayant rien touché à sa mort en 1959.

*

Interdiction de l'exploitation des bêtes de cirque : sur CNews, Pascal Praud aurait obtenu une dérogation pour Élisabeth Lévy et Jean-Claude Dassier.

*

Aucune sanction contre le footballeur marseillais Alvaro Gonzalez accusé d'insultes racistes et notamment d'avoir traité Neymar de singe. La commission de discipline, composée exclusivement de journalistes de *Valeurs actuelles* n'avait pas de preuves suffisantes que Neymar n'aimait pas les bananes.

*

Nicolas Dupont-Aignan officiellement candidat à la présidentielle de 2022. Au vu de ses scores aux présidentielles de 2012 et 2017, ses meetings ne seront soumis à aucune restriction sanitaire.

*

Attaque au hachoir : le terroriste suspect aurait des origines tartares.

*

Grand Prix de l'Arc de Triomphe hier à Longchamp : c'est un cheval à trois pattes qui a gagné la course, un gigot en deuxième position et un jarret en troisième.

*

Catherine Laborde présente hier dans le 7 à 8 sur TF1, pour parler de sa maladie d'Alzheimer. De nombreux téléspectateurs de la Une ont appelé pour signaler qu'effectivement, elle avait oublié de donner la météo.

*

Silvio Berlusconi atteint du Covid, Donald Trump atteint du Covid : les scientifiques en sont maintenant certains. Si vous êtes cons, obsédés et réac vous appartenez à une population à risque.

*

Conseil santé : si vous avez de la fièvre, une perte de goût ou d'odorat, rendez-vous sans plus attendre dans la chaîne info la plus proche de chez vous, c'est là où vous trouverez le plus facilement un médecin.

*

Après avoir marché dans une déjection canine, le ministre de la Santé, Olivier Véran, a annoncé qu'il était considéré comme un Caca Contact.

*

Nouvelle mesure sanitaire : à partir d'aujourd'hui lorsque vous irez au restaurant vous devrez obligatoirement donner vos nom, prénom, adresse, numéro de téléphone, numéro de sécurité social, carte de mutuelle, avis d'imposition, date de naissance, âge, taille et poids... Après, éventuellement vous pourrez demander la carte.

*

Nouvelle mesure sanitaire dans la restauration : les restaurants chinois devront désormais fournir des baguettes d'au moins un mètre cinquante à leurs clients.

*

Chirurgie esthétique : Rachida Dati aurait fait des injections dans les trois plis de son masque qu'elle ne supportait pas.

*

Conséquence inattendue du télétravail : selon une étude, depuis six mois, inversion des courbes, les directeurs de services coucheraient plus souvent avec leurs femmes qu'avec leurs secrétaires.

*

Le ministère de la Santé vient d'annoncer qu'en plus des 1 mètre de distance entre chaque chaise, les serveurs ne devront pas s'approcher à moins de 10 mètres des tables. Du coup, les petits pois vous seront servis au lance-pierre et la purée à la catapulte.

*

La policière Linda Kebbab publie aujourd'hui *Gardienne de la Paix et de la révolte*. Son éditeur rappelle que le livre vous sera vendu avec une barquette de frites et de la sauce blanche.

*

Communiqué de l'ordre des dentistes : si votre masque pue des pieds c'est que vous avez les dents qui se déchaussent.

*

Après avoir annoncé qu'il annoncerait bientôt s'il serait candidat ou pas à la présidentielle 2022, François Baroin a fait savoir qu'il ne serait pas candidat mais qu'il ne l'annoncerait pas. Mais il a tenu à ne pas annoncer lui-même le fait qu'il n'annoncerait pas qu'il ne serait pas candidat, nous annonce-t-on !

*

Test salivaire : Zahia aurait demandé d'avoir un coton-tige plus gros.

*

Mutilation dans le monde équestre : Bernard Mabille aurait eu un bras amputé pendant sa sieste au Théâtre des Deux Ânes.

*

Jean-Vincent Placé condamné pour harcèlement : en effet il aurait téléphoné plus de 5 000 fois et envoyé plus de 8 000 sms à Emmanuel Macron pour devenir ministre.

*

Autorisation des néonicotinoïdes : si vous arrivez à le dire d'une traite, vous gagnez trois betteraves et un pot de miel.

*

Cyclisme : Paris-Roubaix prévu le 25 octobre prochain, annulé à cause du Covid-19. Un coup dur pour Julian Alaphilippe qui avait déjà levé les bras pensant avoir gagné la course.

*

People : d'après *Voici*, Benjamin Biolay serait en couple avec l'actrice Anaïs de Moustier, rencontrée sur un tournage. Karine Viard qui vient de tourner avec lui dans le film *Les Apparences* a décidé de déposer plainte pour « discrimination ».

*

Le Premier ministre a célébré ce week-end ses 100 ans à Matignon. En fait, c'est 100 jours mais le service de communication de Matignon pense qu'il vaut mieux dire 100 ans pour qu'il fasse plus jeune.

*

Le ministre de la Santé, Olivier Véran, qui a annoncé il y a plus de quinze jours que les salles de sport devraient fermer pour quinze jours, a oublié de leur dire hier au début de la troisième semaine qu'elles pouvaient rouvrir. Il a déclaré : « C'est fou, on ne voit pas le temps passer ! »

*

Salon de l'agriculture annulé : le propriétaire de Fleur, la vache star qui devait être sur toutes les affiches de l'édition 2021, a annoncé qu'elle serait finalement bouffée dès le mois prochain.

*

Les généraux Delfraissy et Véran ont donné leur plan de bataille à Emmanuel Macron :

Interdiction de sortir ;

Interdiction de faire du sport ;

Interdiction de recevoir ses amis à la maison ;

Interdiction d'embrasser ses parents ou grands-parents ;

Interdiction de parler trop fort ;

Interdiction de sourire.

Mais bien sûr vous pouvez continuer à boire et fumer autant que vous voulez à condition d'être seul chez vous.

*

Couvre-feu annoncé à Paris : les noms des généraux Véran et Delfraissy remplaceront ceux de Hoche et Mac Mahon sur les plaques des avenues partant des Champs-Élysées. Le général Raoult serait déjà à Londres et l'exode des jeunes Parisiens vers Marseille aurait déjà commencé.

*

Jean Castex va l'annoncer demain : c'est une chanson du nouvel album des Trois Cafés Gourmands qui remplacera *La Marseillaise* à partir de demain afin que l'hymne national sente bon la France et la bonne humeur.

*

C'est officiel, c'est Atchoum qui a été viré de chez les 7 nains pour respecter la « règle des 6 à table ».

*

C'est officiel : à partir du 31 décembre prochain, l'expression « Bonne année, bonne santé » sera remplacée par « Bonne santé, bonne santé ».

*

Le général Véran et le général Delfraissy qui ont réussi à convaincre Emmanuel Macron qu'il fallait instaurer un couvre-feu tiennent à rassurer la population. Si vous promenez votre chien après 21 heures, seul le chien sera fusillé.

*

La nouvelle version de l'application « Stop Covid » s'appellera désormais « Tous anti Covid ». Quant à l'application « Tous au théâtre » elle s'appellera désormais « Tous au chômage ! »

*

Exposition Renaud à la Philharmonie de Paris : c'est le chanteur Gauvain Sers qui dédicacera lui-même les albums du chanteur à la sortie de l'exposition.

*

À partir de ce soir, les médecins et tout le personnel hospitalier qui se plaignent d'avoir trop de travail sont appelés à se mettre tous à leur fenêtre à 20 heures pour applaudir les restaurateurs, les artistes, les commerçants et les chauffeurs de taxi qui, eux, n'en ont plus.

*

C'est officiel : pendant toute la durée du couvre-feu, les loyers parisiens vont être baissés. Ils seront indexés sur ceux de la Meuse, vu qu'à partir de 21 heures, il y a autant de vie dans les rues de Paris que dans celle de Bar-le-Duc !

*

Couvre-feu à Ibiza : autorisation de sortir uniquement de 21 heures à 6 heures du matin.

*

Prise de température et dépistage : un infirmier distrait aurait inversé les deux. La personne avec un thermomètre dans le nez et un coton-tige dans le cul est priée de se rendre dans le laboratoire le plus proche dans les plus brefs délais.

*

Brigitte Macron a publié hier une lettre en hommage au professeur d'histoire Samuel Paty en finissant sa missive par ces mots : « Moi aussi, j'ai perdu la tête pour un élève. »

*

Anonymat sur les réseaux sociaux : le gouvernement frappe fort en interdisant la photo de profil pour une photo de face.

*

Après RTL, le 7 à 8 de TF1, *Paris Match*, *Gala*, *Le Parisien*, on ne sait pas encore qui proposera demain une interview exclusive de Lætitia Hallyday.

*

Le Premier ministre, Jean Castex, a reçu le maire de Conflans-Sainte-Honorine à Matignon. Il a été surpris de s'apercevoir que ce n'était plus Michel Rocard.

*

David Belliard, l'adjoint au maire de Paris qui veut supprimer 70 000 places de parking dans la capitale devait être l'invité du journal de France 2 hier midi mais, à l'heure qu'il est, il est encore en train de tourner avec sa voiture pour tenter de se garer.

*

Naissance de frères siamois à la maternité de Lille : afin qu'ils respectent la distanciation obligatoire, on cherche un Tchétchène radical qui accepterait de trancher rapidement entre les deux cas contact.

*

Arrestation : un Tchétchène a été interpellé hier en train de chanter « J'ai perdu la tête depuis que j'ai vu Suzette » de Dany Brillant. L'enquête devra prouver s'il est radicalisé.

*

C'est aujourd'hui que l'application « Stop Covid » devient « Tous anti Covid ». Quant à l'application « Où sortir ce soir », elle devient « Tous au lit à 21 heures » et « La fourchette » devient « La clé sous la porte ».

*

Théorie du complot : la pandémie de coronavirus serait l'œuvre du Gang des Cotons-tiges ! En effet, interdits depuis le 1er janvier 2020, comme par hasard ils sont indispensables aujourd'hui.

*

54 départements soumis au couvre-feu : la Creuse et la Meuse font leur entrée au *Guinness des records* comme départements les plus festifs de France.

*

Fait divers : un homme, jugé dangereux pour ses semblables a été abattu sans sommation par les forces de l'ordre sanitaire. Il a été surpris en train de sortir ses poubelles à 5 h 59 du matin.

*

Campagne de vaccination anti-Covid : c'est officiel elle commencera en France en 2032 pour les personnes les plus fragiles encore vivantes. En attendant, une distribution de Prozac est prévue pour les autres.

*

Dimanche matin, 250 Parisiens qui avaient oublié de passer leur montre à l'heure d'hiver sont sortis à 6 heures alors qu'il n'était que 5 heures. Ils seront fusillés par le général Delfraissy demain à l'aube (heure d'hiver).

*

C'est ce soir entre 19 heures et 20 heures que Patrick Cohen, porte-parole du gouvernement, annoncera dans l'émission *C à vous* les horaires du nouveau confinement pour tous les salopards qui ont commis l'imprudence d'esquisser un sourire pendant l'été.

*

Les Français qui se sont relâchés en juin et juillet étant montrés du doigt par les « pères la Morale », qui les accusent d'être responsables du boum de l'épidémie en octobre, ont décidé de se regrouper dans une association intitulée : « Si quand on a le Covid, on est contagieux pendant plus d'un mois, il est temps de nous le dire. »

*

Engorgement des hôpitaux : le ministère de la Santé demande aux Français de faire un effort et de venir directement avec leur lit en cas d'hospitalisation.

*

Disparition d'Alain Rey : la ministre de la Culture, Roselyne Bachelot, a tenu à rendre hommage au linguiste en twittant « Les Petits Roberts ont perdu leur Rey ! »

*

Révélations concernant l'émission *Mask Singer* : maintenant qu'on sait que les jumeaux étaient bien les frères Bogdanov, on peut être à peu près certains, sans s'avancer que :

Le bébé dragon est Greta Thunberg ;
Le requin est Fabien Lecœuvre ;
Le robot est Mireille Matthieu ;
Le squelette est Françoise Hardy ;
Le manchot est Djamel ;
Et la renarde est Samantha Fox.

*

Distanciation physique renforcée : les infirmières s'entraînent toujours à viser juste lors des lancers de thermomètre.

*

Mort du meilleur des James Bond. En hommage à Connery, le gouvernement promet de continuer à en faire un maximum.

*

Confinement : Netflix lance une saga Jean-Paul Belmondo avec Emmanuel Macron dans *Itinéraire d'un enfant gâté*, Olivier Véran dans *Le Guignolo*, Jean Castex dans *L'Inconnu dans la maison*, Le professeur Raoult dans *Le Marginal*, et les restaurateurs dans *À bout de souffle*.

*

Jean Castex ayant attiré 10 millions de téléspectateurs sur TF1 dimanche soir, la première chaîne remplace son cycle Louis de Funès par la rediffusion de tous les Fernandel pendant le confinement.

*

Vu la forme physique de Donald Trump lors de ses derniers meetings et celle de Joe Biden marchant avec un masque à deux à l'heure, une question se pose : « Vaut-il mieux avoir le Covid et en guérir très vite ? » ou « Avancer masqué et pas être certain de passer Noël ? » Le professeur Delfraissy est encore en train de réfléchir.

*

En raison des consignes de distanciation sociale, le ministre de la Santé, Olivier Véran, a déclaré que seuls l'âne et le bœuf auront le droit d'être dans les crèches de Noël. Marie et Joseph, vu leur grand âge, font partie de la population à risque et les Rois mages seront entendus par la section anti-terrorisme avant d'offrir quoi que ce soit.

*

Violences dans le judo : l'entraîneur qui a tenté de violenter Teddy Riner est toujours dans le coma avec un pronostic vital engagé.

*

Résultat du recomptage des bulletins de vote entre Biden et Trump : c'est Martine Aubry qui a gagné.

*

Le tabac tuant 73 000 personnes en France chaque année, Olivier Véran serait actuellement encore en train de chercher l'argument qui expliquera aux libraires pourquoi on laisse ouvert les bureaux de tabac.

*

Nouveau résultat scientifique autour de la chloroquine à Marseille : une chose est certaine, elle ne permet pas de survivre à la Ligue des Champions.

*

Le ministre de la Santé a affiché sur la porte de son bureau un panneau avec cette inscription : « Qui vivra Véran. »

*

Dérogation pour les chasseurs : non seulement ils auront le droit de sortir pendant le confinement, mais ils auront également le droit de tirer sur les personnes qui ne portent pas de masque et ont un bec de lièvre.

*

Un tunnel de 18 km de long va être creusé entre l'Allemagne et le Danemark et c'est l'entraîneur allemand du PSG, Thomas Tuchel, qui a été choisi pour inaugurer la traversée du tunnel.

*

Les produits Ducros viennent de lancer une nouvelle publicité afin de rappeler que les rayons « épices » restent ouverts dans les supermarchés : « À quoi ça sert que Castex il se décarcasse ! »

*

Les chasseurs ayant toujours le droit de chasser pendant le confinement, les écrivains publiés chez Plon demandent au gouvernement à combien d'exemplaires leurs ouvrages pourront être tirés.

*

Le président du groupe pharmaceutique Pfizer a déclaré hier : « J'ai une bonne et une mauvaise nouvelle. La bonne on a trouvé le vaccin, la mauvaise : y en n'aura pas assez pour tout le monde ! »

*

Donald Trump n'arrivant pas à digérer sa défaite, Emmanuel Macron lui a fait envoyer 50 kg de pastilles Rennie que François Hollande avait laissées dans l'armoire à pharmacie de l'Élysée.

*

Vendée Globe : le ministre de la Santé, Olivier Véran, a tenu à rappeler dimanche lors du départ de la course que même seul sur un bateau au milieu de l'Océan il ne fallait prendre aucun risque. Les navigateurs n'auront le droit de sortir de leur cabine qu'une heure par jour avec une attestation dûment remplie et en portant un masque parce qu'il ne faut pas oublier qu'il y a des millions de jeunes de 28 ans qui meurent dans les hôpitaux.

*

50e anniversaire de la mort du général de Gaulle : Nadine Morano s'insurge de ne pas avoir été invitée par le président de la République Emmanuel Macron. Ce dernier a justifié son choix en twittant : « Nadine Morano est plus proche de la quiche lorraine que de la croix ! »

*

Même si ce n'est plus tout à fait l'époque, le ministère de l'Agriculture communique ses derniers conseils pour choisir un melon : il faut qu'il soit aussi gros que celui du professeur Raoult, plus jeune que celui d'Alain Delon, plus vieux que celui d'Alex Lutz, la taille idéale étant entre celui d'Hugues Aufray ou celui de Patrick Cohen.

*

Pris de panique à l'annonce de l'envol de toutes les bourses, l'activiste russe Piotr Pavlenski a immédiatement cloué les siennes sur le parvis de la Défense.

*

Le porte-parole des laboratoires Pfizer France a été viré hier après avoir annoncé devant les journalistes : « On avait découvert le Viagra, maintenant on va soigner les vieux gros. »

*

Le directeur général de la santé, malgré un ralentissement des contaminations a tenu à rappeler hier que le pic de l'épidémie était devant nous et il a émis des doutes sur le vaccin américain. Il a en revanche annoncé la sortie de son autobiographie : *La mauvaise mine du roi Salomon* aux éditions qui plombent.

*

Vaccination obligatoire : le gouvernement a tranché, dès que le vaccin sera sur le marché, la vaccination ne sera pas obligatoire. Les Français pourront décider de se faire vacciner ou de rester chez eux avec interdiction formelle de sortir sous peine d'être abattu sans sommation.

*

Football : le parfum officiel de l'équipe de France « Eau Bleu » est disponible à la vente. Deux versions sont disponibles : une version avant match fraîcheur intense à base de menthe et de musc et une version après match qui pue la défaite 2-0.

*

Olivier Véran a tenu à faire preuve d'optimisme hier : les enfants pourront sortir chercher des œufs dans le jardin à Pâques, à condition que les enfants soient moins de 6 et que les grands-parents soient déjà enterrés.

*

Fête clandestine à Joinville-le-Pont : Olivier Véran demande une peine exemplaire pour l'organisateur « Gégène » qui n'a toujours pas avoué sous la torture.

*

Le garde des Sceaux, Éric Dupond-Moretti a tenu à rappeler qu'il n'avait rien à voir avec Xavier Dupont de Ligonnès ni avec Nicolas Dupont-Aignan et qu'il n'y a que dans Tintin que les Dupond et Dupont se ressemblent.

*

Scoop éditorial : un livre écrit par Julie Gayet et intitulé *Merci pour ce moment 2* serait actuellement en impression en Allemagne.

*

Le maréchal Véran, ministre de la Santé, vient de trouver un argument supplémentaire favorable au port du masque partout et en toutes circonstances dehors comme à la maison : en effet, derrière le masque, on ne voit pas la petite moustache qui pousse…

*

Procès Jonathann Daval : d'après l'avocat de la famille des victimes, il aurait fait l'amour avec sa femme post-mortem. « Je n'avais pas compris lequel des deux devait être raide », aurait déclaré l'accusé.

*

Le premier tome des mémoires de Barack Obama sort aujourd'hui. Mais d'après les chiffres la concurrence est rude. Le *Voici* avec François Hollande marche beaucoup mieux pour l'instant.

*

Réouverture des églises prévue le 1er décembre : les restaurateurs pourront aller prier pour rouvrir en janvier.

*

Le Premier ministre Jean Castex accordera sa prochaine interview à Antenne 2 pour l'inauguration de la télé couleurs.

*

Doutes sur l'efficacité du vaccin « Moderna », il aurait été testé sur le Premier ministre Jean Castex et on ne voit toujours pas la différence !

*

C'est Darius Rochebin qui devait enregistrer l'interview exclusive de Benjamin Griveaux, mais pour l'instant on n'a retrouvé ni l'un ni l'autre.

*

C'est François Busnel qui a été choisi pour interviewer Barack Obama. Laurent Ruquier avait été choisi mais il parle trop mal l'anglais et l'interview n'est pas diffusable.

*

Commémoration des attentats du Bataclan : les cafés et restaurants du Xe et du XIe arrondissement qui avaient rouvert rapidement pour montrer que ce ne sont pas les terroristes qui les feraient fermer et qu'il fallait continuer à vivre tiennent à applaudir Jean Castex et Olivier Véran qui, eux, ont réussi à prouver le contraire.

*

Le ministre de l'Agriculture a annoncé hier qu'il autorisait la vente des sapins de Noël à partir de vendredi. Pour les boules, c'est les restaurateurs qui pourront les fournir.

*

Mesures sanitaires renforcées autour de l'élection Miss France : le comité Miss France a annoncé hier que pour compenser le port du masque obligatoire, les candidates ne porteront pas de culotte.

*

Face aux faillites en cascade dues à la fermeture des restaurants, les producteurs de cassoulet de Castelnaudary lancent l'opération « Touche pas à mon prout » parrainée par Jean-Marie Bigard.

*

Campagne de vaccination : le ministère de la Santé a annoncé hier que pour désigner ceux qui seraient vaccinés en premier c'est « Pic et pic et colégram » qui a été retenu plutôt que « Une poule sur un mur qui picote du pain dur » moins appropriée à la situation selon les experts.

*

Anne Hidalgo annonce la création d'une police municipale à Paris mais sans arme. Dans un souci écologique leur bombe lacrymogène sera remplacée par un oignon bio et leur matraque par un gros concombre. Quant aux uniformes, ils seront intégralement conçus en fibre de quinoa recyclé.

*

Légalisation du cannabis : Olivier Véran devrait annoncer le 1er décembre l'autorisation de la vente du cannabis en pharmacie, mais uniquement à destination des restaurateurs afin qu'ils restent calmes.

*

Aujourd'hui c'est l'arrivée du beaujolais nouveau : 100 % des gens qui ont perdu le goût et qui l'ont goûté, l'ont trouvé excellent !

*

Vingt-cinq ans de prison pour Jonathan Daval. Le procureur aurait déclaré : « Il n'avait jamais osé passer à l'homosexualité. En vingt-cinq ans, il devrait y arriver. »

*

Abattage des visons en France : les mamies du XVIe arrondissement de Paris et de Neuilly-sur-Seine sont priées de ne plus sortir de chez elles durant toute l'opération.

*

C'est la jeune chanteuse Louane qui a appuyé sur le bouton des illuminations des Champs-Élysées, mais elle le regrette déjà depuis qu'Anne Hidalgo lui a dit qu'elle devait revenir aussi tous les soirs pour éteindre.

*

Vaccination. Les États-Unis annoncent que leur campagne de vaccination commencera à partir de la mi-décembre. Donald Trump, bon joueur, demande que Joe Biden soit vacciné le premier. Il espère qu'avec les effets secondaires il n'atteigne pas Noël.

*

Campagne de vaccination en France. Le ministère de la Santé a tranché. Afin de respecter la distanciation, c'est la Fédération française de fléchette qui sera en charge de la campagne de vaccination.

*

Technologie : sortie de la nouvelle console de jeux de chez Sony, la PlayStation 5. Pour célébrer l'événement, le gouvernement décide de prolonger le confinement de trois mois.

*

Un nouvel album de Plastic Bertrand vient de sortir : maintenant on est sûr que c'est lui qui chante. La seule interrogation, c'est qui va l'acheter ?

*

Emmanuel Macron a tenu à rassurer les professionnels de la montagne. Les stations de ski pourront rouvrir normalement dès le mois de juillet.

*

L'association des sans domicile fixe de France demande à Emmanuel Macron de supprimer l'autorisation de sortie par une autorisation d'entrer quelque part.

*

Roselyne Bachelot opposée à la pose de vitraux plus contemporains à Notre-Dame de Paris. Le vitrail qui représentait Hélène Ségara en train de faire une gâterie à Patrick Fiori sous la bénédiction de Garou sera finalement vendu au profit du RSA de Julie Zenatti.

*

C'est Marina Foïs qui va présenter les César 2021 mais comme il y aura plus de catégories que de films sortis en salle, on a demandé à Roman Polanski de présider la soirée sinon on se demande de quoi on va parler.

*

Emmanuel Macron l'a annoncé. À partir de samedi, les Français survivants pourront faire leur achat de Noël. En revanche, il n'a pas précisé avec quel argent ?

*

Afin de limiter le nombre de clients par boutique, une société propose un portique intelligent à l'entrée des grands magasins. L'association des consommateurs s'en félicite : ça fera une moyenne avec le vigile un peu con.

*

Disparition de Maradona : le gouvernement argentin décrète trois jours de deuil national et le cartel de Medellín une semaine entière.

*

Disparition de Maradona : Laurent Boyer proposera sur RTL une interview exclusive de sa sœur Alice.

*

Obsèques de Maradona : dans son testament il aurait demandé que ce ne soit pas Fabien Barthez, Franck Lebœuf, Zinedine Zidane et Pelé qui portent son cercueil. Pour ne pas qu'on dise qu'il y avait un Pelé et trois tondus.

*

Le pédophile Joël Le Scouarnec, dont le procès commence aujourd'hui, dénonce la maltraitance en prison. En effet, hier après-midi ses gardiens ne lui ont pas laissé regarder la finale de l'Eurovision Junior diffusée sur France 2.

*

Samedi, fleuristes et coiffeurs vont pouvoir rouvrir leurs portes. Le ministère de l'Économie demande aux Français de ne pas se précipiter pour éviter tout accident et se retrouver à se faire couper la tige par un fleuriste ou shampouiner l'oignon par un coiffeur.

*

Agression du producteur Michel Zecler : le Conseil scientifique Covid-19, présidé par Jean-François Delfraissy, a tenu à féliciter les policiers qui font respecter les mesures sanitaires en tabassant ceux qui ne portent pas de masque. Les fonctionnaires recevront la médaille nationale du mérite sanitaire et Olivier Véran les fera chevalier de la légion d'honneur Covid-19.

*

C'est la chanteuse Larusso qui a gagné *Mask Singer*. L'inoubliable interprète de « Tu m'oublieras » a déclaré à l'issue de la finale qu'elle espérait vraiment que sa victoire relancerait la carrière de la chanteuse Anggun.

*

Formule 1 : le Pilote Romain Grosjean a expliqué qu'il était sorti indemne de sa voiture grâce au halo de sécurité. Le ministre de la Santé, Olivier Véran, vient donc de décider que désormais tous les Français devront s'équiper d'un halo de sécurité s'ils veulent continuer à pouvoir se déplacer.

*

Le Premier ministre Jean Castex va signer un contrat avec M6 : c'est Cristina Cordula qui va l'accueillir pendant trois mois pour le relooker, Karine Le Marchand qui va le sous-titrer et Stéphane Plaza qui le relogera avant la présidentielle.

*

Réouverture des stations de sports d'hiver : Jean Castex revient sur sa décision, les remontées mécaniques pourront finalement ouvrir mais les touristes devront skier sans ski.

*

Le député européen hongrois surpris dans une partouze entre hommes à Bruxelles s'est expliqué à la télévision. Il s'agissait d'un concours meilleur sosie du Manneken Pis, mais on n'a pas eu le temps de désigner le gagnant !

*

Noël en famille : après avoir filé la moitié de la bûche à Papy et Mamie dans la cuisine, le gouvernement a tenu à rappeler que vous pourrez aussi leur donner les coquilles d'huîtres, les têtes de crevettes et l'emballage du saumon.

*

Emmanuel Macron a annoncé vouloir prendre des mesures restrictives et dissuasives contre les Français qui iraient skier à l'étranger. Rien n'est encore prévu contre ceux qui voudraient aller au restaurant en Suède, sortir sans attestation en Italie et aller en discothèque à Wuhan.

*

Le monsieur obèse de plus de 300 kg bloqué depuis 17 mois dans son appartement à Perpignan a été enfin libéré hier grâce à l'utilisation d'une grue. Le drame, c'est qu'il voulait sortir pour aller au restaurant alors qu'on ne lui avait pas dit que c'était fermé.

*

Le rugby est autorisé à reprendre mais sans contact. Du coup le rugby sera désormais géré par la Fédération française de danse classique.

*

Petit conseil pratique si vous voulez être plus de 10 pour les réveillons de fin d'année : organisez Noël au Puy-du-Fou, invitez rien que des candidates à Miss France, des coiffeurs, des maquilleurs, des photographes et normalement on ne devrait pas vous emmerder !

*

Obsèques de Valéry Giscard d'Estaing : Caroline Diament a été refusée par la famille à l'entrée du cimetière.

*

Certains politiques se sont offusqués que Valéry Giscard d'Estaing n'ait droit qu'à un seul jour de deuil national alors que Maradona en a eu trois en Argentine. Emmanuel Macron a justifié sa décision en déclarant : « On ne peut pas comparer la main de Dieu et une main au cul ! »

*

Campagne de vaccination en Grande-Bretagne : la Reine a été vaccinée ce matin. L'infirmier qui lui a fait la piqûre dans les fesses a été décoré de l'Ordre national du Mérite.

*

Pour expliquer les mauvais chiffres des contaminations, le professeur Salomon, directeur général de la Santé, a dit hier que c'était de notre faute parce qu'on restait trop à l'intérieur ! Tous ceux qui pensent qu'il se fout de notre gueule sont invités chez moi à Noël pour un réveillon à 60 autour de la table.

*

Le fait que le débat entre Raymond Aron et Michel Foucault dans *Libération* ait été cinquante ans plus tard remplacé par un débat entre Matt Pokora et Aya Nakamura sur Twitter devrait inciter les scientifiques à laisser tomber la pandémie et nous laisser bouffer à plus de 6 à table.

*

Le Conseil scientifique de la Santé vous autorise à être plus de 6 à table si vous invitez : Michael Schumacher, Michel Drucker, Romain Grosjean, Rika Zaraï et Line Renaud, car statistiquement ça vous laisse plus de chance.

*

Disparition du catalogue IKEA : la ministre de la Culture, Roselyne Bachelot, signale qu'heureusement le calendrier des dieux du Stade permettra de continuer à regarder des armoires à glace bien montées.

*

Attention, d'après de nombreux spécialistes la date du déconfinement pourrait être repoussée : Olivier Véran et le docteur Delfraissy proposent la Saint-Glinglin comme prochaine date d'espoir.

*

Le catalogue IKEA disparaît soixante-dix ans après sa création. Une décision motivée par un souci de parité, vu que les hommes ne pouvaient plus admirer les pages lingerie du catalogue de La Redoute, il était injuste que les femmes puissent continuer à rêver sur les pages bougies parfumées du catalogue IKEA.

*

JO 2024 à Paris : le fait que le CIO ait décidé que les nouvelles disciplines olympiques seront le Monopoly, les dominos et les fléchettes nous donne une idée sur la durée envisagée par les autorités médicales pour la pandémie.

*

Ce soir, à 18 heures, Jean Castex proposera un nouveau point presse sponsorisé par Puget inimitable depuis cent cinquante ans.

*

L'association des Amis de la Défense du Réveillon de Noël tient à faire savoir qu'il n'y a aucune raison de laisser Papy et Mamie manger seuls dans la cuisine à partir du moment où Emmanuel Macron n'a pas laissé Jean Castex confiné à Prades dans les Pyrénées-Orientales.

*

Présidentielle 2022 : le débat du deuxième tour entre Éric Drouet et Jacline Mouraud sera arbitré par « Tarzan le Routier » sur le rond-point de Rosny-sous-Bois.

*

Point route vers Bethléem : les trois Rois mages auraient fait demi-tour quand ils ont appris qu'on ne pouvait pas être plus de 6 autour de l'étable !

*

Le PDG des laboratoires Pfizer a confirmé que son vaccin a bien un effet secondaire : les comptes bancaires du laboratoire explosent.

*

Manifestation des restaurateurs et du monde de la culture aujourd'hui à Paris : le préfet Didier Lallement a demandé aux forces de l'ordre d'utiliser leurs lance-patates uniquement sur les restaurateurs et de taper seulement trois coups sur les intermittents du spectacle.

*

Mort de John Le Carré : ce sont ses deux filles Isabelle et Mariah qui vont toucher les ronds.

*

L'Association LGBT, section homosexualité masculine, propose une astuce pour Noël : être 12 à table en se mettant deux par chaise.

*

C'est la famille Lefèvre de Versailles qui a gagné la finale d'*Incroyable Talent* hier soir. Un bel hommage à la famille Dupont de Ligonnès dont le célèbre numéro de disparition avait déjà ému la France.

*

C'est Frédéric Lefebvre, l'ancien secrétaire d'État de Nicolas Sarkozy qui est le directeur de la publication du nouveau magazine *Pif*. Dans la foulée Patrick Balkany a annoncé prendre la direction de *Picsou magazine*.

*

La moyenne d'âge des victimes du Covid étant de 84 ans et vu qu'on demande à la population entière d'être solidaire depuis un an, le ministre de la Défense vient de décider que pour équilibrer cette solidarité, à la prochaine guerre, il n'y a pas que les jeunes qui seront envoyés : on enverra les vieux aussi !

*

L'enquête sur l'affaire Gregory est relancée. En effet, après trente-six ans de recherche, les ornithologues sont formels : les corbeaux ne savent pas écrire et c'est donc bien un humain qui aurait écrit les lettres de menace.

*

La famille Lefèvre de Versailles a gagné hier soir « Incroyable Talent ». Le chanteur Vianney porte plainte pour concurrence déloyale.

*

Bavure : hier à 20 h 01 un homme a été abattu en bas de chez lui à Paris, pour non-respect du couvre-feu. Après enquête, il s'est avéré que l'homme n'était pas en infraction, c'était juste son code d'entrée qui avait changé.

*

Le Conseil scientifique qui a décidé de tout réglementer pendant le réveillon de Noël vient de publier les seules chansons autorisées entre le 24 et le 25 décembre minuit ; il s'agit de « Petit Castex Noël », « Mon beau Vaccin » et « Ah, tu-Véran, tu Véran » !

*

Jean Castex a annoncé hier que la campagne de vaccination débutera en France entre Noël et le Jour de l'an. Le slogan sera : « Une piqûre en plein dans les fêtes. »

*

Vaccination dans les EHPAD : à l'Académie Française, on commencera par Giscard pour voir si ça peut avoir un effet rétroactif.

*

L'association « des personnes qui en ont marre d'entendre qu'on est obligé de se faire vacciner parce qu'on est le pays de Pasteur » tient à rappeler que les Allemands ne sont pas obligés de tuer des juifs parce que c'est le pays d'Adolf Hitler et que les Belges n'ont pas obligation d'être pédophiles parce qu'ils sont le pays de Marc Dutroux.

*

États-Unis : les armes en vente libre auraient fait plus de morts en 2020 que le coronavirus. Joe Biden a déclaré hier vouloir enrayer cette pan-pandémie.

*

Emmanuel Macron a trouvé un surnom à son ministre de la Santé. À l'Élysée, on l'appelle désormais Olivier VERLAN, aussi nul d'un côté comme de l'autre.

*

Dakar 2021 : hélas, Claude Brasseur a crevé avant le départ.

*

Découverte : un couple d'octogénaires a été retrouvé dans une cuisine. Ils y avaient été oubliés par leurs enfants lors du réveillon de Noël. Heureusement ils ont réussi à survivre plus d'une semaine en mangeant une petite tranche de bûche chaque jour.

*

Disparition de Pierre Cardin : c'est après avoir entendu la chanson « Sans chemise, sans pantalon » lors d'un hommage à la chanteuse Rika Zaraï que le cœur du couturier aurait lâché.

*

Hommage à Robert Hossein : après avoir créé le spectacle sur le Général De Gaulle « Celui qui a dit non », Robert Hossein voulait créer un grand spectacle autour d'Emmanuel Macron « Celui qui a dit "En même temps" ».

*

Le président de l'Organisation mondiale de la Santé a tenu à rappeler aux Français que le vaccin se faisait bien dans l'épaule même si pour l'instant ils l'ont plutôt dans le cul.

*

Vaccination dans les EHPAD : une pensionnaire a été vaccinée 18 fois. Souffrant d'Alzheimer à la question : « Avez-vous été vaccinée ? » elle a toujours répondu : « Non pas encore ! »

*

Emmanuel Macron aurait demandé à Olivier Véran de bien vouloir démissionner de son ministère de la Santé, pour laisser sa place à Agnès Buzyn qui reprendrait son poste pour la bonne raison qu'elle était nulle, mais au moins elle, elle s'en rendait compte.

*

Le Premier ministre Jean Castex a planté un arbre hier à Matignon. Il s'est dit déçu de savoir qu'hélas à cause des cinémas fermés, on ne verra pas les images dans les actualités Pathé qui passent avant le film.

*

Un Français sur dix victime d'inceste. L'association des orphelins de France a tweeté hier : « Finalement on a de la chance ! »

*

Frédéric Lefebvre qui dirige le nouveau *Pif Gadget* a annoncé hier que dans le prochain numéro, on pourra trouver une dose de vaccin Pfizer. Ce n'est pas vrai, mais ça devrait booster les ventes.

*

C'est confirmé, le Premier ministre a planté un Frêne à Matignon. Il voulait planter un bouleau, mais on lui a dit qu'il avait déjà planté ceux des restaurateurs, des artistes et des coaches sportifs.

*

Emmanuel Macron se justifie sur le tirage au sort des 35 citoyens qui doivent surveiller la vaccination. Il aurait déclaré : « C'est comme ça aussi que j'ai choisi tous mes ministres ! »

*

Drame dans un EPHAD : hier, Mauricette la première vaccinée de France a reçu la visite de Jean Castex. Mais le Premier ministre a eu du mal à ressortir, la direction ne croyant pas qu'il était un visiteur.

*

Football : pour son premier match à la tête de l'équipe de Nantes, Raymond Domenech s'est déclaré confiant : « On a beaucoup travaillé la descente du bus à l'entraînement, tout devrait bien se passer. »

*

Grand Corps Malade s'engage pour la vaccination contre le Covid-19. Olivier Véran a tenu à lui téléphoner pour lui préciser que le vaccin ne faisait pas de miracle non plus.

*

Kim Kardashian et Kanye West sur le point de divorcer. La garde des deux neurones n'a pas encore été tranchée.

*

Jean Castex prendra la parole aujourd'hui à 18 heures. Après la règle des 6 autour de la table à Noël il devrait annoncer la règle des 2 autour de la bite pour la Saint-Valentin.

*

Jean Castex annonce l'ouverture de vaccinodromes dans tous les départements. Mais qu'est-ce qu'un vaccinodrome ? C'est un stade où d'un côté on a une équipe de 11 médecins avec des piqûres face à une équipe de 11 personnes qu'il faut vacciner. Les soignants ont deux mi-temps de 45 minutes pour attraper tous les patients et les vacciner pour gagner le match.

*

Épidémie de grippe aviaire : 350 000 canards déjà abattus dans le Sud-Ouest. Le Parti animaliste dénonce une différence de traitement flagrante entre la gestion de l'épidémie de grippe aviaire chez les Canards et l'épidémie de coronavirus chez les vieillards.

*

Faible audience pour le Premier ministre Jean Castex hier ; il faut dire que la veille au soir, il y avait déjà eu un documentaire sur Charlot sur France 3.

*

Réouverture des stations de ski : le gouvernement a tranché ça sera le 21 juin. Date également choisie pour la fermeture des plages.

*

Affaire Arsène Lupin : Éric Zemmour aurait envoyé un courrier à Netflix demandant qu'après Omar Sy dans une œuvre de Maurice Leblanc, on engage Fred Testot pour l'adaptation d'un livre de Frédéric Lenoir.

*

Passeport de vaccination : c'est officiel, la photo présente sur le passeport devra être votre fesse gauche avec la piqûre plantée dedans. Attention, la fesse ne doit pas sourire, ni porter de lunettes ou de chapeau.

*

Affaire de la sex-tape de Mathieu Valbuena : Karim Benzema sera jugé pour tentative de chantage. Il aurait choisi comme avocate la femme de Benjamin Griveaux dont la défense aura pour thème essentiel : « On en fait beaucoup pour une bite que personne n'a vue. »

*

Brigitte Macron a été testée positive au coronavirus pendant les fêtes. Bernard Montiel et Stéphane Bern sont toujours en quarantaine.

*

Crash d'un Boeing en Indonésie : grâce aux restes humains découverts, des tests vont pouvoir être réalisés pour savoir combien parmi les 62 passagers de l'avion sont morts du Covid.

*

En week-end à Londres pour se changer les idées, notre ministre de la Santé, Olivier VARIANT serait bloqué à la frontière afin qu'il ne revienne pas en France.

*

Le ton monte entre le professeur Raoult et la professeure Karine Lacombe : le professeur marseillais lui aurait demandé si elle était vaccinale ou chloroquinienne.

*

Emmanuel Macron veut accélérer le mouvement et relancer la réforme des retraites. La réforme ne concernerait que les survivants.

*

« L'Amour est dans le Saint-Germain-des-Prés », une émission sur la vie des incestes prévue sur Gulli vient d'être déprogrammée par le CSA.

*

Le livre de Camille Kouchner sur l'affaire Olivier Duhamel cartonne. Plus de 70 000 exemplaires auraient déjà été vendus. Ce succès s'expliquerait par le fait que les premiers exemplaires à la vente étaient exclusivement réservés aux personnes qui étaient au courant mais qui n'ont rien dit.

*

Scoop : afin d'accélérer son efficacité et rattraper notre retard dans la campagne de vaccination, Olivier Véran serait actuellement en stage chez Rapido Pizza.

*

Grosse avancée technologique pour comprendre le fiasco du vaccin français, des scientifiques seraient en train d'aboutir à une réussite de nos laboratoires : Jean Castex pourrait passer en couleur dès la semaine prochaine.

*

Suicide des étudiants : après la défenestration de deux étudiants, Jean-Michel Blanquer en plus de fermer les facs a décidé hier de fermer les fenêtres.

*

Le ministère de la Santé conseille désormais d'arrêter d'éternuer dans votre coude, puisqu'il est désormais prouvé que le variant anglais traverse la Manche.

*

Effet secondaire : Mauricette, 78 ans, première vaccinée de France le 27 décembre dernier, vient de battre le record du monde d'haltérophilie en épaulé-jeté. On recherche encore le médecin du Tour de France qui lui a fait l'injection.

*

Accélération de la vaccination en France : pour aller plus vite, Olivier Véran a décidé qu'on allait commencer par les siamois.

*

C'est dans la presse aujourd'hui : Jean-Marie Le Pen a eu le Covid. Selon son médecin traitant, il n'a toujours pas retrouvé l'odorat, il continue à ne pas pouvoir sentir les Noirs, les Juifs et les Arabes.

*

Suite à la sortie aujourd'hui du Guide Michelin qui vous permet de connaître les meilleurs restaurants où vous ne pouvez pas aller manger, un numéro spécial du *Film français* sortira en kiosque mercredi pour que vous connaissiez tous les films que vous ne pouvez pas aller voir.

*

Grippe aviaire : une femme a vu son mari abattu sous ses yeux par les brigades sanitaires après avoir appelé son époux « mon canard » en pleine rue.

*

Accélération de la vaccination en France : Olivier Véran a annoncé qu'on avait doublé le nombre de vaccinés en 24 heures. Hier 10 personnes ont été vaccinées contre 5 avant-hier.

*

Élisabeth Guigou proche d'Olivier Duhamel a démissionné de la commission sur l'inceste qu'elle présidait. Personne n'a encore vérifié si Patrick Balkany est toujours à la tête de la commission sur la transparence de la vie politique.

*

Détection du variant brésilien : si vous vous mettez à crier « Magnifaïque » toutes les 30 secondes, vous serez immédiatement placé en quarantaine dans un dressing.

*

Édouard Balladur, 91 ans, passe aujourd'hui devant la cour de Justice de la République. Vingt-cinq ans après « je vous demande de vous arrêter ! », il a déclaré au tribunal : « Je vous demande de ne pas m'arrêter. »

*

Jean-Marie Le Pen, 92 ans, s'est marié religieusement hier, avec Jany, 88 ans. Pfizer a fourni les vaccins et la nuit de noces.

*

Le ministère de la Santé va publier un tuto aujourd'hui afin que les Français apprennent à fabriquer leurs vaccins eux-mêmes, seul moyen de vraiment faire décoller la campagne de vaccination, comme on l'avait fait pour les masques !

*

Hommage national à Jean-Pierre Bacri : ça va bientôt faire un an qu'on est tous de la même humeur que lui.

*

Accélération de la campagne de vaccination en France : l'OMS préconise de rouvrir les bars et de mettre le vaccin dans des apéros. Selon une étude, l'ensemble de la population française pourrait être immunisé en moins de 48 heures.

*

Jean Castex, Olivier Véran et Jean-François Delfraissy annoncent la réouverture d'un théâtre pour un soir seulement, ils joueront ensemble « Les Monologues du Vaccin » au profit des laboratoires Sanofi.

*

En sortant du Palais de Justice hier, Édouard Balladur, 91 ans, a déclaré : « Je trouve que le directeur de cet EPHAD est très désagréable, en plus aucun goûter n'a été servi ! »

*

Le journal *Le Monde* qui s'est excusé pour un dessin de Xavier Gorce sur Internet qui disait : « Si j'ai été abusé par le demi-frère adoptif de la compagne de mon père transgenre devenu ma mère. Est-ce un inceste ? » a tenu à remercier le dessinateur Plantu qui lui n'a plus fait rire ni choquer personne depuis 1988.

*

Fermeture de frontières : la chanteuse Sylvie Variant est restée bloquée à l'aéroport.

*

Miracle chez Sanofi : Olivier Véran annonce qu'on vient de trouver le vaccin contre la vache folle.

*

Suite à la victoire des handballeurs français sur l'équipe d'Algérie, hier 29 à 26, Éric Zemmour a tenu à faire savoir que la France n'avait pas à s'excuser auprès de l'Algérie.

*

Première mondiale médicale : à Lyon, un homme a été greffé des deux bras. Hélas, pendant le week-end, le greffé a vu son bras passer par la fenêtre quelques heures après l'opération, après avoir éternué dans son coude.

*

Après nous avoir parlé de variants du virus, les scientifiques nous parlent maintenant de mutants. Les plus optimistes prévoient l'arrivée dès la semaine prochaine de « zombies anglais » et d'« Aliens sud-africains ».

*

Hier, *Le Point* a annoncé que les restaurants ne rouvriraient pas avant le 6 avril. François Hollande, qui a toujours du mal à se décider, aurait déclaré que ça laisse un peu de temps pour étudier la carte.

*

Le CIO vient d'annoncer que les Jeux olympique de Tokyo prévus en 2020 qui ont été déjà repoussés en 2021 se dérouleront finalement à Paris en 2024.

*

Arrivée du Vendée Globe demain : les navigateurs vont arriver dans un mouchoir. C'est le professeur Delfraissy lui-même qui fera le tri.

*

Après le variant sud-africain, le variant californien, le variant anglais, le variant brésilien, les laboratoires Pasteur ont le plaisir de vous annoncer qu'ils viennent de découvrir le vaurien français.

*

Emmanuel Macron a déclaré que la France comptait 66 millions de procureurs. On se demande bien alors pourquoi on met vingt-cinq ans pour juger Édouard Balladur !

*

Effets secondaires de vaccin Pfizer : Mauricette, la première vaccinée, vient de gagner 6-0, 6-0, 6-0 contre Hugo Gaston au Tournoi de Quimper.

*

Confirmation de l'Académie de médecine : le professeur Delfraissy s'est tellement fait remonter les bretelles par l'Élysée que c'est bien ses couilles qu'on peut voir sous ses yeux.

*

Suite à la recommandation du conseil médical de se taire dans le métro pour ne pas propager le virus, la RATP décide que tous les passagers devront descendre à La Muette.

*

Les bars, les restaurants, les musées, les théâtres, les cinémas étant fermés depuis fin octobre et les chiffres de la pandémie n'étant toujours pas suffisamment bons aux yeux du Conseil scientifique, Emmanuel Macron aurait suggéré qu'on adopte une stratégie inverse : on ferme le Conseil scientifique et on rouvre tout le reste.

*

Le directeur des laboratoires Sanofi a tenu à signaler qu'il n'avait pris aucun retard sur le vaccin, c'est juste les autres qui sont allés trop vite.

*

Le Festival de Cannes étant décalé en juillet, les frères Dardenne annoncent qu'ils prendront leurs vacances en août exceptionnellement.

*

Jean-François Delfraissy, président de la République depuis bientôt un an, pourrait se séparer d'Emmanuel Macron avant le printemps. Le président Delfraissy trouve que M. Macron se donne beaucoup trop d'importance pour quelqu'un qui n'a même pas de caducée sur sa voiture.

*

Vendée Globe : c'est finalement le troisième qui finit premier. Jean-Luc Mélenchon a immédiatement demandé que les mêmes règles soient appliquées lors de la présidentielle de 2022.

*

Si tu es POUR la stratégie gouvernementale, tu soutiens Jean Castex, su tu es CONTRE, tu soutiens Francis Lalanne. Une vague de suicides collectifs est à prévoir.

*

Trois jeunes sur dix auraient déjà pensé à se mutiler. Le ministre de l'Éducation a décidé de nommer Philippe Croizon secrétaire d'État à la jeunesse.

*

Nicolas Sarkozy se serait fait vacciner avant tout le monde. Pour prouver sa comorbidité ; il s'est rendu à l'hôpital américain avec Patrick et Isabelle Balkany.

*

Darius Rochebin fera son grand retour bientôt sur LCI : c'est à lui que PPDA a accordé sa première interview après les accusations dont il fait l'objet.

*

Urgence Sanitaire : la ville de Nice va peut-être être mise sous cloche. L'opposition municipale rappelle que c'est déjà le cas depuis que Christian Estrosi en est le maire.

*

Pour ses 60 ans de carrière Sylvie Vartan sort son 50e album qui s'intitulera : « C'est toujours ça que Laeticia n'aura pas. »

*

Nice : Christian Estrosi a décidé de rebaptiser le front de mer « Promenade des Variants Anglais ».

*

Test salivaire dans les écoles : le processus est très simple : les élèves doivent cracher aux visages de leurs camarades. Si le camarade tousse dans les 15 minutes, le test est positif.

*

Amélie Nothomb porte plainte contre PPDA parce qu'elle est la seule écrivaine qu'il n'a jamais draguée.

*

Menu sans viande dans les cantines : après les islamo-gauchistes dans les facs, la ministre Frédérique Vidal demande une étude au CNRS sur la montée des végétaro-gauchistes dans les écoles.

*

Séparation des Daft Punk : on a enfin une explication. Emmanuel Macron leur a lancé le défi de réaliser un clip sur la distanciation physique.

*

Nicolas Sarkozy très en colère ! Il voudrait savoir qui est ce Mcfly qui se permet de chanter avec Carlita en faveur d'Emmanuel Macron !

*

On vient d'apprendre qu'Éric Zemmour participera en binôme avec Marion Maréchal au prochain « Pétain Express ».

*

La jeune comédienne qui accuse Gérard Depardieu de viol crie à l'injustice : « Coucher sans obtenir de rôle est inacceptable et bafoue toutes les règles du métier ! » L'acteur lui avait promis un rôle dans *Jean de Levrette* et *Danton fion*.

*

À cause des nombreuses accusations d'agressions sexuelles dans le monde du cinéma, cette année le festival de Cannes sera délocalisé au Cap d'Agde.

*

La Vache qui Rit aura 100 ans cette année mais elle nous fait savoir qu'elle est trop occupée au ministère de la Culture pour fêter ça.

*

Nouvelle affaire sexuelle dans le Showbiz : les DaftPunk auraient décidé de porter plainte contre une admiratrice qui leur aurait rayé le casque lors de leur pot de retraite.

*

Vote par anticipation : Marine Le Pen défend cette mesure bec et ongles et demande aux Français de voter avant le débat d'entre deux tours.

*

Nicolas Sarkozy condamné à un an de prison ferme. Avec les remises de peine, il devrait pouvoir ressortir avant sa conversion à l'Islam.

*

Transfert de patients atteints du Covid en TGV: Bruno Le Maire a tenu à préciser que, par souci d'économie, on ne payait que le billet aller et le remboursement du billet retour se fera seulement sur demande.

*

Vague de dépression chez les Inuits : une explication est avancée : ça fait un an que les esquimaux ne se font plus sucer à l'entracte.

*

Olivier Véran qui avait montré son épaule pour prouver l'efficacité du vaccin, vient de dire « non » à une proposition publicitaire pour Préparation H.

*

Après la polémique autour de Monsieur Patate qui ne s'appellera plus Monsieur Patate, à la demande d'un mouvement féministe américain, le Père Denis, Papy Nova, Monsieur Cerise du Groupama et le Taureau qui rit ont décidé de s'associer pour faire valoir leurs droits à l'égalité.

*

C'est Carla Bruni qui fait la une de *Closer* cette semaine. Elle a été paparazzié alors qu'elle rachetait des oranges à Isabelle Balkany.

*

Anne Hidalgo a tenu à préciser qu'elle était contre l'idée de confiner Paris le week-end mais qu'il fallait tout de même confiner la Capitale 3 semaines du lundi au mercredi, pour toutes les personnes nées un jour pair et du mercredi au vendredi pour toutes les personnes nées un jour impair, sauf si ce jour pair ou impair tombe un samedi ou un dimanche et à condition que vous soyez nés avant 1950, excepté pour les personnes de plus de 70 ans qui pourront circuler comme elles le veulent tous les jours. C'est pourtant simple, merde !

*

Littérature : le prix du livre de l'année a été remis à *Je n'ai pas été harcelé par un acteur, pas violé par mes parents, je ne suis pas victime de racisme, je suis soignant mais ça va, je ne suis pas noir, pas homosexuel, et je n'ai même pas d'enfant handicapé*, publié aux Éditions de la Découverte par un auteur qui préfère garder l'anonymat.

*

Fermeture des théâtres : des ouvreuses qui sont restées à l'intérieur demandent au gouvernement de vite rouvrir les portes parce que ça commence à faire un peu long.

*

Nouveau scandale de corruption : Jean Castex serait payé par les épices Ducros pour intervenir chaque jeudi à 18 heures.

*

D'après le *Canard enchaîné*, des journalistes de BFM et des médecins de l'hôpital Pompidou ont été surpris dans un restaurant clandestin à Paris le 24 février dernier. Si on le dit ce n'est pas qu'on veut dénoncer, c'est qu'on veut juste l'adresse !

*

Suite à la fermeture des lieux de spectacle depuis le 30 octobre dernier, la ministre de la Culture, Roselyne Bachelot, a accepté de rencontrer les Intermittents du Suicide avant la fin de la semaine prochaine.

*

Hommage à Patrick Dupont : Roselyne Bachelot a déclaré qu'il était le danseur le plus connu de tout l'étang, surtout depuis le Lac des Cygnes.

*

Meghan Markle est inquiète : elle a vérifié l'immatriculation : la Fiat Uno, garée depuis hier devant chez elle, a été vue pour la dernière fois le 31 août 1997, pont de l'Alma.

*

La Reine d'Angleterre a donné la preuve qu'elle connaissait bien la marque Renault : elle aurait déclaré qu'elle n'avait rien contre une Meghane à condition que l'on puisse choisir la couleur.

*

Après que le prince Harry se soit plaint de ne pas avoir l'oreille de son père, le prince Charles aurait juste déclaré : « Veinard ! »

*

290 décibels, c'est la mesure effectuée depuis hier en Grande-Bretagne, depuis que le prince Charles a les oreilles qui sifflent.

*

***Le Figaro* titrait ce matin : « Face à Harry et Meghan, la reine joue la désescalade. » En lisant ce titre, Boris Johnson aurait déclaré : « Faut dire que pour l'escalade, elle aurait du mal la vieille ! »**

*

Corinne Masiero à poil aux César après avoir enlevé son costume de Peau d'Âne. Et encore, on a eu du bol, elle n'a pas eu le temps de démouler un cake d'amour.

*

Le réalisateur François Ozon qui n'a obtenu aucun César n'est pas venu pour rien puisque toute la soirée, avec son masque, on l'a pris pour Olivier Véran. C'est d'ailleurs la raison pour laquelle Corinne Masiero a enlevé son costume de Peau d'Âne. Elle avait peur qu'on la confonde avec Catherine Deneuve.

*

Le journal *Libération* fait sa une avec ce gros titre : « Un an de Covid, 90 000 morts. » Rappelons tout de même qu'il y a 600 000 morts par an en France, toutes raisons confondues, mais c'est vrai aussi que le nombre de 90 000 morts est impressionnant puisque c'est plus que le nombre de lecteurs de *Libération*.

*

L'ex-président Lula blanchi. Nicolas Sarkozy demande officiellement à être jugé au Brésil.

*

Transfert de patients : après le train et l'avion, Jean Castex qui veut absolument moderniser son image, décide que les transferts de malades du Covid se feront dorénavant exclusivement par drone.

*

Communiqué du ministre de la Santé : les 1,4 million de Français qui ont reçu une première dose de vaccin AstraZeneca recevront gratuitement de la margarine Astra pour faire passer la douleur.

*

La chanson « Cho Ka Ka O » d'Annie Cordy jugée raciste en Belgique. Quant à Oum le dauphin, il sera euthanasié pour avoir fait la promotion du chocolat blanc jusqu'en 2003.

*

Le gouvernement belge tient à faire savoir à ceux qui à Bruxelles se baladent avec une seringue remplie d'AstraZeneca autour du cou que quand le ministre de la Santé a dit qu'il fallait suspendre le vaccin, ce n'est pas cela que ça voulait dire.

*

Nouvelle pénurie de PQ à prévoir : c'est statistique puisque le gouvernement nous fait chier de plus en plus.

*

Olivier Véran, ministre de la Prison, va déménager son ministère à la Santé.

Remerciements

Merci à Arnaud Crampon avec qui chaque matin, dès six heures, nous partageons l'envie de faire rire avec l'actualité.

En épluchant les journaux, en écoutant RTL, voilà ce que nous a inspiré l'actualité. Il en a trouvé la moitié, j'ai trouvé l'autre moitié et nous espérons pleinement que nous vous ferons à nouveau rire ou sourire avec ces *fake news* qui retracent plus d'un an de petites nouvelles, conséquence plus ou moins directe du battement d'ailes d'un pangolin en Chine.

Cet ouvrage a été mis en page par IGS-CP
à L'Isle-d'Espagnac (16)